Der Autor

Dr. Michael Häußler ist Seminarrektor und Leiter des Studienseminars für das Lehramt für Sonderpädagogik (Förderschwerpunkt geistige Entwicklung) in Nürnberg. Dozenten-, Fortbildungs- und Vortragstätigkeit, Veröffentlichungen zu didaktisch-methodischen Themen, zu Fragen der sonderpädagogischen Professionalität bzw. Berufsethik sowie zur schulischen Inklusion.

Michael Häußler

Sachunterricht im Förderschwerpunkt geistige Entwicklung planen und gestalten

Verlag W. Kohlhammer

Dieses Werk einschließlich aller seiner Teile ist urheberrechtlich geschützt. Jede Verwendung außerhalb der engen Grenzen des Urheberrechts ist ohne Zustimmung des Verlags unzulässig und strafbar. Das gilt insbesondere für Vervielfältigungen, Übersetzungen, Mikroverfilmungen und für die Einspeicherung und Verarbeitung in elektronischen Systemen.

Die Wiedergabe von Warenbezeichnungen, Handelsnamen und sonstigen Kennzeichen in diesem Buch berechtigt nicht zu der Annahme, dass diese von jedermann frei benutzt werden dürfen. Vielmehr kann es sich auch dann um eingetragene Warenzeichen oder sonstige geschützte Kennzeichen handeln, wenn sie nicht eigens als solche gekennzeichnet sind.

Es konnten nicht alle Rechtsinhaber von Abbildungen ermittelt werden. Sollte dem Verlag gegenüber der Nachweis der Rechtsinhaberschaft geführt werden, wird das branchenübliche Honorar nachträglich gezahlt.

Dieses Werk enthält Hinweise/Links zu externen Websites Dritter, auf deren Inhalt der Verlag keinen Einfluss hat und die der Haftung der jeweiligen Seitenanbieter oder -betreiber unterliegen. Zum Zeitpunkt der Verlinkung wurden die externen Websites auf mögliche Rechtsverstöße überprüft und dabei keine Rechtsverletzung festgestellt. Ohne konkrete Hinweise auf eine solche Rechtsverletzung ist eine permanente inhaltliche Kontrolle der verlinkten Seiten nicht zumutbar. Sollten jedoch Rechtsverletzungen bekannt werden, werden die betroffenen externen Links soweit möglich unverzüglich entfernt.

1. Auflage 2023

Alle Rechte vorbehalten
© W. Kohlhammer GmbH, Stuttgart
Gesamtherstellung: W. Kohlhammer GmbH, Heßbrühlstr. 69, 70565 Stuttgart
produktsicherheit@kohlhammer.de

Print:
ISBN 978-3-17-039854-2

E-Book-Formate:
pdf: ISBN 978-3-17-039855-9
epub: ISBN 978-3-17-039856-6

Inhaltsverzeichnis

1	**Vorbemerkung**	**9**
1.1	Perspektiven – Eine Skulptur	10
1.2	Worum es geht	12
2	**Sachunterricht im FgE – Grundlegende Fragestellungen**	**15**
2.1	Zum Verständnis von Sachunterricht im FgE	15
2.1.1	Sachunterricht als Unterrichtsfach	15
2.1.2	Sachunterricht im FgE zwischen Lebenswelt- und Fachbezug	16
2.2	Lernen im Sachunterricht im FgE	19
2.3	Sachunterricht im FgE im Wandel	21
2.3.1	Veränderung der Schülerschaft	21
2.3.2	Fächerorientierung vs. lebenspraktisches Lernen?	21
2.3.3	Kompetenzorientierung	23
2.3.4	Sachunterricht im FgE als inklusiver Sachunterricht?	24
3	**Sachunterricht gestalten**	**26**
3.1	Strukturierung	26
3.2	Veranschaulichung	29
3.3	Kognitive Aktivierung	32
3.3.1	Kognitive Aktivierung – was ist das?	32
3.3.2	Kognitive Aktivierung durch Vergleichen	34
3.3.3	Kognitive Aktivierung durch »Probleme mit Lücke«	37
4	**Lerninhalte und Lernaktivitäten im Sachunterricht**	**40**
4.1	Kriterien für die Auswahl von Lerninhalten	40
4.1.1	Probleme der Inhaltsauswahl	40

4.1.2	Der Lerninhalt ermöglicht Zugänge auf verschiedenen Abstraktionsstufen	41
4.1.3	Der Lerninhalt ermöglicht die Durchgliederung und Bewältigung elementarer Alltagssituationen	42
4.1.4	Der Lerninhalt ermöglicht Elementarisierung und Reduktion	43
4.1.5	Der Lerninhalt ermöglicht exemplarisches Lernen	45
4.2	Lernaktivitäten im Sachunterricht	46

5 Die Konzeption des Plan-Quadrats für den Sachunterricht im FgE — 50

5.1	Das Plan-Quadrat – Grundgedanken eines Planungsmodells	50
5.1.1	Die Ebenen des Plan-Quadrats	50
5.1.2	Das Plan-Quadrat als Planungsinstrument	57
5.1.3	Innere Differenzierung in Bezug auf die Planungsebenen	57
5.2	Die Ebene des basalen Lernens	59
5.2.1	Lernaktivitäten: Erleben und Gestalten	59
5.2.2	Methodisches Modell: Basale Lernaktivitäten	61
5.3	Die Ebene des aufbauenden Lernens	64
5.3.1	Zur Funktion der Planungsebene des aufbauenden Lernens	64
5.3.2	Lernaktivität: Handeln als Nachahmen	65
5.3.3	Lernaktivität: Handeln als Problemlösen	73
5.3.4	Lernaktivität: Erkunden	80
5.4	Die Ebene des fachbezogenen Lernens – Die sozialwissenschaftliche Perspektive	85
5.4.1	Inhalte der sozialwissenschaftlichen Perspektive	85
5.4.2	Lernaktivitäten im Rahmen der sozialwissenschaftlichen Perspektive	91
5.5	Die Ebene des fachbezogenen Lernens – Die naturwissenschaftliche Perspektive	102
5.5.1	Inhalte der naturwissenschaftlichen Perspektive	102
5.5.2	Lernaktivitäten im Rahmen der naturwissenschaftlichen Perspektive	104
5.6	Die Ebene des fachbezogenen Lernens – Die geographische Perspektive	117

5.6.1	Inhalte der geografischen Perspektive	117
5.6.2	Lernaktivitäten im Rahmen der geografischen Perspektive	119
5.7	Die Ebene des fachbezogenen Lernens – Die historische Perspektive	131
5.7.1	Inhalte der historischen Perspektive	131
5.7.2	Lernaktivitäten im Rahmen der historischen Perspektive	134
5.8	Die Ebene des fachbezogenen Lernens – Die technische Perspektive	143
5.8.1	Technik als perspektivenvernetzender Teilbereich des Sachunterrichts	143
5.8.2	Technik und Medien	148

6	**Vielperspektivische Planung konkret – Sequenzplanung »Die Kartoffel«**	**151**
6.1	Sequenzplanung	151
6.2	Förderplanung für Schülerinnen und Schüler mit schwerer geistiger Behinderung	155

| 7 | **Was es zum Lernen braucht – ein Schlusswort** | **157** |

Verzeichnisse	**160**
Literatur	160
Lehrpläne und Verordnungen	166
Abkürzungen	167
Geeignete online-Quellen für den Sachunterricht im FgE (Auswahl)	167
Sachregister	168

1

Vorbemerkung

Das kleine Mädchen, von den Großen Meta genannt, sitzt auf dem Grund des alten Regenfasses und schaut in den Himmel. Der Himmel ist blau und sehr tief. Manchmal treibt etwas Weißes über dieses Stückchen Blau, und das ist eine Wolke. Meta liebt das Wort Wolke. Wolke ist etwas Rundes, Fröhliches und Leichtes.
(Marlen Haushofer. Himmel, der nirgendwo endet)

Den Kopf heben, Aufhorchen – das sind weltbildende Gesten. Das Kind hebt den Kopf und sieht die Welt aufgehen. Das Kind bildet dabei einen Horizont, die Grenze zwischen dem Bekannten und dem Unbekannten, dem Wirklichen und dem Möglichen. Terrain gewinnen, den Horizont voranschieben, unterwegs zu einem Zuwachs an Welt, unablässig: Das heißt lernen.
(Donata Elschenbroich. Weltwissen der Siebenjährigen)

Die erste Form des Lebens in der Gegenwart kann mit ganz wenigen Worten dargestellt werden. Sie besteht darin, bei der jeweiligen Sache zu »bleiben«, die zu bearbeiten wir uns vorgenommen haben und mit der wir beschäftigt sind, negativ ausgedrückt: darin, nicht dauernd abzuschweifen.
(Gerd Haeffner. In der Gegenwart leben)

1 Vorbemerkung

1.1 Perspektiven – Eine Skulptur

Abb. 1.1: »Perspektiven« (Andreas Kuhnlein – Abdruck mit freundlicher Genehmigung des Künstlers)

»Perspektiven« nennt sich eine Skulptur des bayerischen Bildhauers Andreas Kuhnlein. Zwei menschliche Figuren – eine große und eine kleine – stehen sich an einem runden, roten Holztisch gegenüber, der zwischen ihnen auf so hohen Beinen steht, dass er den kleineren Menschen deutlich überragt, während der größere auf die Tischplatte herabblicken kann.

Als Lehrer habe ich diese Skulptur natürlich auf den ersten Blick gewissermaßen als Darstellung einer pädagogischen Ur-Situation gesehen. Lehrer und Schüler nähern sich mit ihren je unterschiedlichen Sichtweisen einem »gemeinsamem Dritten«. Jeder der beiden sieht den Tisch aus seiner Perspektive, jeder verbindet damit wohl eigene Gedanken und wird von dem Tisch in unterschiedlicher Weise angesprochen und herausgefordert. Der »Große«, der Lehrer, ist scheinbar im Vorteil. Er hat den Überblick über die Situation, er weiß, wie der Tisch von oben und unten betrachtet aussieht, und könnte auch nochmals in die Hocke gehen, um eine andere Perspektive einzunehmen. Als guter Lehrer weiß er, dass sich seine Sichtweise von der des »Kleinen«, des Schülers, unterscheidet und wird dies berücksichtigen und respektieren. Aber sicher will er als Lehrer auch, dass der Andere den Tisch nicht nur wahrnimmt, sondern ihn sich auch zuhanden, nutzbar, verfügbar macht. Ein Tisch ist ja in erster Linie ein Gebrauchsgegenstand und seine Nutzung ist kulturell überformt und festgelegt. So braucht es Fertigkeiten im Umgang mit dem Vorgegebenen, die der Große dem Kleinen nahebringen kann und muss.

Der Tisch steht somit für die »Sache« im Sachunterricht. Diese Sache ist für mich immer zuerst da – vor der Überlegung, welche Fertigkeiten man an ihr schulen kann. Dabei ist sie einmal die »Sache an sich« – ein roter Tisch mit Beinen aus vier Kanthölzern, einer runden Tischplatte und Verstrebungen, die ihm Standfestigkeit verleihen. Er ist aber auch »Sache für mich« – dass der Tisch sich je nach Perspektive für die beiden Personen anders darstellt, ist offensichtlich.

Die Körperhaltung der beiden Personen ist dabei sichtlich keine passiv-abwartende. Die Haltung des Kleinen druckt Neugier und die Bereitschaft aus, sich mit der Sache auseinanderzusetzen, vielleicht gar den Tisch zu erklimmen und einen Blick auf die Tischplatte zu werfen. Auch der Große zeigt in der Haltung von Stand- und Spielbein, dass er unterwegs zur Sache ist, dass er im nächsten Schritt entweder die Bemühungen des Kleinen unterstützen wird oder aber diesem Einiges in Bezug auf den Tisch erklären und zeigen kann, was der bislang noch nicht gesehen hat. Gespannte Aufmerksamkeit, aber auch ein Stück Zurückhaltung und Abwarten-Können prägen seine Haltung. Aus meiner Sicht hat er dennoch gleichzeitig auch bestimmte Vorstellungen in Bezug auf den Tisch, seine Funktion, die Art seiner Konstruktion, seine Nutzung, aber auch seine Ästhetik, welche er vermitteln möchte.

Eigentlich ist mit dieser Skulptur zum Thema »Sachunterricht« in wunderbarer Weise bereits das Wesentliche gesagt. Die Verflochtenheit von Lehrer, Schüler, ihrer Haltung zueinander und zur Sache kommt in anschaulicher und prägnanter Weise zum Ausdruck.

Was noch deutlich wird: Die Sache muss im Blickfeld des kleinen Menschen und für ihn erreichbar sein, sie muss in seiner Welt vorkommen, auch wenn er sich anstrengen und strecken muss, um sie sich zu eigen zu machen. Der erste Blick auf die Sache, der erste Schritt auf sie zu muss aus der Perspektive des Kleinen heraus geschehen. Dann erst können auch andere Sichtweisen ins Spiel kommen. Dies ist übertragbar auf Inhalte und Zugänge, wie wir sie für den Unterricht mit Schülerinnen und Schülern mit geistiger Behinderung auswählen.

Und es schwingt noch etwas mit, was in einem Buch zwischen vielen Worten und Begriffen möglicherweise verloren geht, woran es aber stets zu denken gilt: Lernen braucht Anschaulichkeit und Lebendigkeit und – das ist das

1 Vorbemerkung

Wichtigste – Lernen gelingt dann, wenn sich der Mensch in der Auseinandersetzung mit der Sache berührt, bewegt, vielleicht sogar bezaubert fühlt. So ging es mir bei der Begegnung mit Andreas Kuhnleins Skulptur. Ein hoher Anspruch an Unterricht – und doch letztlich der wichtigste.

1.2 Worum es geht

Als Klassenlehrer habe ich den Sachunterricht immer als besondere Herausforderung, ebenso aber als das interessanteste Unterrichtsfach empfunden. Hier gab es die Möglichkeit, die Welt in ihrer Vielfalt und Buntheit ins Klassenzimmer zu holen und das Staunenswerte, Begeisternde und Herausfordernde in den Blick zu nehmen. Ebenso aber stand ich immer wieder vor der Frage, welche Inhalte ich für meine Schülerinnen und Schüler auswählen sollte und welche Kriterien dieser Auswahl zugrunde liegen konnten. Sollte es etwas »Nützliches« sein im lebenspraktischen Sinne, womit der Alltag ein Stück leichter bewältigbar erschien, oder aber etwas »Interessantes« aus der Tier- und Pflanzenwelt oder der sozialen Umwelt meiner Schülerinnen und Schüler? Was waren längerfristige Zielsetzungen über die Beschäftigung mit der Sache hinaus, was sollte »hängenbleiben«? Und wenn die Auswahl getroffen war – wie waren die komplexen Sachverhalte so zu reduzieren und aufzubereiten, dass eine Passung zwischen den oft heterogenen Lernvoraussetzungen und der Eigenstruktur der Sache gelang? Neben den Inhalten richtete ich den Blick auch auf längerfristig anzubahnende Fertigkeiten, über welche die Kinder und Jugendlichen auch noch verfügen sollten, wenn die Inhalte längst vergessen waren: Ein Repertoire lebenspraktischer Fertigkeiten, die Fähigkeit, eine Handlung selbstständig zu planen und durchzuführen, mit anderen oder alleine zu arbeiten, einen Gegenstand gezielt zu betrachten und zu beschreiben und manches mehr.

Diese Fragen bestehen nach wie vor, und sie sollen auch das Nachdenken über ein Fach begleiten, welches in Schulen mit dem Förderschwerpunkt geistige Entwicklung eine zentrale Rolle einnimmt und profilbildenden Charakter hat.

Es ist nicht meine Absicht, ein umfassendes Curriculum für den Sachunterricht im Förderschwerpunkt geistige Entwicklung (im Folgenden: FgE) zu etablieren (vgl. etwa Schurad 2002). Den inhaltlichen Rahmen stecken die jeweils gültigen Lehrpläne ab. Vielmehr geht es im Kern um Überlegungen zu einer Planungshilfe. Im Mittelpunkt steht als Planungsinstrument das

»Plan-Quadrat« für den Sachunterricht im FgE (▶ Kap. 5). Im Prozess der Unterrichtsplanung dient es als Ideengenerator, aber auch als Auswahlinstrument und Entscheidungshilfe bei der Erstellung einer Unterrichtssequenz.

Hierbei handelt es sich um ein Modell, welches

- die Ansprüche einer heterogenen Schülerschaft (Schülerinnen und Schüler mit schwerer geistiger Behinderung, Schülerinnen und Schüler der Durchschnittsform, Schülerinnen und Schüler im Grenzbereich zum Förderschwerpunkt Lernen) berücksichtigt
- diese Ansprüche mit einer fachlichen Systematik und den Fachperspektiven des Sachunterrichts in Einklang bringt
- Inhalte bzw. inhaltliche Grundkonzepte von Sachunterricht im FgE im Sinne einer Schwerpunktsetzung herausarbeitet
- grundlegende Lernaktivitäten, Kompetenzen und Einsichten in Bezug auf die verschiedenen Planungsebenen beschreibt
- Inhalte und Kompetenzen bzw. Lernaktivitäten der Schülerinnen und Schüler im Zusammenhang sieht
- spezifische Artikulationsmodelle anbietet, mit denen diese Inhalte und Kompetenzen vermittelt werden können
- bezogen auf ein Lernangebot für Schülerinnen und Schüler mit geistiger Behinderung in jeglichem schulischen Kontext, also auch in inklusiven Lernsituationen, als Planungsgrundlage dienen kann.

Als wesentliche Aufgaben bei der Planung und Gestaltung von Sachunterricht werden Strukturierung (vgl. Häußler 2015), Veranschaulichung und kognitive Aktivierung vorgestellt (▶ Kap. 3). Alle drei zusammen sollen die intensive geistige Teilnahme am Unterricht ermöglichen.

Lehrpläne für den FgE sind stets Rahmenpläne, die der Lehrkraft ein Maximum an Entscheidungsfreiheit gewähren, ihr damit aber auch ein Minimum an Orientierung bieten. Ein wichtiger Punkt ist daher die Gewinnung von Kriterien für die Auswahl von Inhalten. Die gleiche Aufmerksamkeit soll jedoch auch den damit verbundenen Lernaktivitäten der Schülerinnen und Schüler gewidmet werden. Damit ist die Frage der Kompetenzorientierung des Sachunterrichts im FgE angesprochen, die sich als roter Faden durch alle weiteren Ausführungen zieht und anhand von Praxisbeispielen beleuchtet wird (▶ Kap. 4). So wird der Zusammenhang von Wissen und Können hergestellt, mit Klafki könnte man auch von materialen und formalen Bildungsgehalten und ihrem Aufeinander-Verwiesen-Sein im Konzept der kategorialen Bildung sprechen (Klafki 1963).

1 Vorbemerkung

Abschließend soll anhand eines Beispiels nochmals gezeigt werden, inwieweit ein Planungsmodell wie das Plan-Quadrat auf den Begriff gebracht werden und helfen kann, Sachunterricht für eine heterogene Schülerschaft zu planen (▶ Kap. 6).

2

Sachunterricht im FgE – Grundlegende Fragestellungen

2.1 Zum Verständnis von Sachunterricht im FgE

2.1.1 Sachunterricht als Unterrichtsfach

Sachunterricht hat seit den 1970er-Jahren in Grund- und Förderschulen das Fach Heimatkunde abgelöst. In Bayern gibt es das Fach noch als »Heimat- und Sachunterricht« der Grundschule (vgl. Staatsministerium 2014; Blaseio & Westphal 2019). Im »LehrplanPlus für den Förderschwerpunkt geistige Entwicklung« in Bayern findet sich das Fach Sachunterricht unter der Bezeichnung »Sach- und lebensbezogener Unterricht« nicht nur in der Grundschulstufe, sondern ebenso in der Mittelschulstufe (vgl. Staatsinstitut 2019). Dieses ist in seiner Grundstruktur – ebenso wie das Fach Heimat- und Sachunterricht im Lehrplan für die bayerische Grundschule – eng an den Perspektivrahmen Sachunterricht der GDSU (2013) angelehnt. In den vorausgehenden bayerischen Lehrplänen für den Förderschwerpunkt geistige Entwicklung (vgl. z. B.

Staatsministerium 2003) wurde Sachunterricht nicht als eigenständiges Fach gesehen, sondern in Lernfelder bzw. Lernbereiche zerlegt (Heimat, Zeit, Verkehr, Natur ...) und in der Stundentafel mit den Kulturtechniken Lesen, Schreiben und Rechnen zu Grundlegendem Unterricht (GU) zusammengefasst (vgl. VSO-F Bayern).

Ein Blick in die Lehrpläne anderer Bundesländer zeigt ein uneinheitliches Bild: Der niedersächsische Lehrplan für den FgE spricht beispielsweise für den Primarbereich von Sachunterricht, für die Sekundarstufe hingegen von Gesellschaftslehre, Naturwissenschaften und AWT. Im Rahmenlehrplan »Eingangsstufe bis Oberstufe bzw. Jahrgangsstufe 1 bis Jahrgangsstufe 10« der Länder Berlin und Brandenburg ist dagegen explizit das Fach »Sachunterricht« ausgewiesen.

Sachunterricht bezieht sich in den folgenden Überlegungen nicht nur auf Unterricht in der Grundschulstufe, sondern auch in der Mittelschulstufe, also auf die Schulbesuchsjahre 1–9 (vgl. das Fach »Sach- und lebensbezogener Unterricht« im LPPlus Bayern). Dies entspricht i. W. der Primarstufe und der Sekundarstufe I. In den Berufsschuljahren (Werkstufe oder Berufsschulstufe) wird hingegen mit der Vorbereitung auf das Erwachsenenleben ein eigener Akzent gesetzt (vgl. z. B. Gößl 2008).

In Anlehnung an Schurad ist ein Unterricht gemeint, in dem »gleichsam in Abänderung des grundschulbezogenen Sachunterrichts – für ihn (den Schüler mit geistiger Behinderung – Anm. M.H.) eine Auswahl von ›Sachen‹ und für ›Sachen‹ getroffen (wird), die ihn während der ganzen Schulbesuchszeit ... begleiten ...« (Schurad 2002, 22). Und weiter: »Der Sachunterricht der SfGb führt die ... genannten Sachbereiche weiter in das Jugend- und Erwachsenenalter des geistig behinderten Menschen« (ebda, 23). Dazu kommt: Sachunterricht für den FgE integriert darüber hinaus *auch lebenspraktische und entwicklungsorientierte Aspekte*, die mit fachbezogenen Inhalten zu einem entwicklungs- und lebensweltbezogenen Unterrichtskonzept kombiniert werden.

Wichtiger noch als derartige formale Bestimmungen ist die Frage, was »Sachunterricht« eigentlich inhaltlich meint.

2.1.2 Sachunterricht im FgE zwischen Lebenswelt- und Fachbezug

Mit der »Sache« als zentraler Kategorie des Sachunterrichts (vgl. Köhnlein 2007, 41 ff.) begegnen Schülerinnen und Schüler in ihrer Lebenswelt einem Gegenstand, einem Phänomen, einer Situation und Ähnlichem mehr und setzen sich handelnd, denkend und sprechend damit auseinander. Dabei steht die Sache stets in einem Netz von Zusammenhängen und bildet so einen

»Sachverhalt«, dessen Verknüpfungen es zu durchdringen gilt. »Sache« meint zweierlei: zum einen die Inhalte selbst, zum anderen aber auch die mit ihnen zusammenhängenden Erkenntnismethoden, die (fachspezifischen) Arbeitsweisen bzw. Kompetenzen. Bildungswirksam in einem grundlegenden Sinne ist die Auseinandersetzung mit den »Sachen« und »Sachverhalten« dann, wenn es gelingt, Kindern und Jugendlichen mit geistiger Behinderung (auch basale) Möglichkeiten der Erschließung (vgl. Kahlert 22 ff.) ihrer Umwelt an die Hand zu geben, Denk- und Handlungsräume zu eröffnen und Verstehensprozesse anzustoßen. Sachunterricht will Hilfen zur praktischen, rationalen, aber auch ästhetischen und ethischen Orientierung in der Welt geben, über den Aufbau von Wissen und Können es dem einzelnen ermöglichen, zu sich selbst und zur Welt ein »kritisch-reflexives Verhältnis« (Seitz & Schomaker 2011, 156) zu gewinnen und darüber seine Persönlichkeit zu entwickeln und zu stärken. Dementsprechend gelten die von Kahlert (2016, 29) formulierten Ziele von Sachunterricht prinzipiell auch im FgE, mehr noch, sie scheinen auf diesen in besonderem Maße zuzutreffen:

- Aneignung von sachgemäßem Wissen über die soziale, natürliche und technisch gestaltete Umwelt.
- Erwerb sinnvoller und bewährter Zugangsweisen und Arbeitsformen, um sich dieses Wissen zunehmend selbstständig zu erschließen und es anzuwenden.
- Sich mit Hilfe dieses Wissens und Könnens in sozialen Beziehungen und der Gesellschaft zunehmend selbstständig zu orientieren, zu urteilen und zu handeln.

Die Auswahl der Inhalte und Zielsetzungen erfolgt in diesem Buch nicht primär nach der Logik der jeweiligen Fachwissenschaften bzw. Fachdidaktiken, sondern orientiert sich an einer sachunterrichtsdidaktischen Argumentation, welche von einem Spannungsverhältnis von kindlicher Lebenswelt und fachlichen Zugangsweisen ausgeht. Diese gilt es zueinander in Beziehung zu setzen und damit eine »doppelte Anschlussaufgabe« (GDSU 2013, 10) zu erfüllen. Dieses Spannungsfeld stellt gewissermaßen das Grundmotiv sachunterrichtlichen Denkens und auch seines Bildungsverständnisses dar und ist angesichts der Faktizität einer geistigen Behinderung notwendigerweise besonders stark ausgeprägt.

Ausgangspunkt ist die Lebenswelt des Kindes bzw. Jugendlichen mit ihren Phänomenen. Sachunterricht soll zunächst Alltagserfahrungen und deren subjektive Deutung (»Präkonzepte« – vgl. hierzu ausführlich Schönknecht & Maier 2012, 6 ff. sowie für den FgE Schenk & Ratz 2021) aufgreifen.

2 Sachunterricht im FgE – Grundlegende Fragestellungen

Im Bewusstsein der Unschärfe des Begriffs spreche ich von der *Lebenswelt* von Kindern und Jugendlichen mit geistiger Behinderung. »Die ›Lebenswelt‹ macht die ›Welt‹ und die Lebensweise aus, in der wir ganz naiv (im positiven Sinn) und spontan existieren« (Danner 1979, 22). Überzeugend finde ich auch Kahlerts Plädoyer für den Begriff *Umwelt*, da er »mit den geringsten theoretischen Voraussetzungen und Vorab-Festlegungen für die Reflexion von Aufgaben des Sachunterrichts belastet« (Kahlert 2016, 21 f.) sei, weswegen auch dieser Verwendung findet.

In einem Spannungsverhältnis zu den lebensweltlich geprägten Sichtweisen von Kindern und Jugendlichen steht die sachlich-fachliche Perspektive. Der spezialisierte Zugang der Fächer zu ihren Gegenständen entspricht allerdings nicht der Art und Weise, wie Kinder (im FgE auch Jugendliche) ihrer Lebenswelt begegnen. Sachunterricht ist daher als integratives Sachfach angelegt, welches natur- und gesellschaftswissenschaftliche Inhalte, aber auch übergreifende Aspekte integriert. Sachunterricht ist explizit kein (reduzierter) Physik-, Geschichts- oder Erdkundeunterricht. Aus der u. a. im einflussreichen »Perspektivrahmen Sachunterricht« (GDSU 2013; erstmals 2002; zu seiner Bedeutung vgl. Hartinger & Lange-Schubert 2019b) entwickelten *vielperspektivischen* Anlage des Sachunterrichts heraus ist es jedoch möglich, etwa ein Alltagsphänomen wie das Wasser gewissermaßen durch die Brille vielfältiger Fachperspektiven zu betrachten und dabei naturwissenschaftliche (Aggregatzustände, Wasser als Lebensgrundlage), sozial-ökonomische (Nutzung von Wasser, Wasserversorgung), geographische (Klimazonen, Niederschläge) und historische (Wasserversorgung in früheren Zeiten) Sichtweisen zu integrieren und in den Blick zu nehmen. Für den FgE ist die vielperspektivische Ausrichtung des Sachunterrichts ein wichtiger Gedanke, da so Phänomene gewissermaßen als Ganzes in den Blick genommen werden können und nicht künstlich in Unterrichtsfächern organisiert werden. Vielperspektivität des Sachunterrichts meint »ein basales Prinzip der Vielfalt aufeinander bezogener Inhalte, Betrachtungsweisen, Wissensformen und Methoden« (Köhnlein 2013, 1).

Lebenswelt und vielperspektivischer Fachbezug werden zueinander in Bezug gebracht, wenn – bereits im Prozess der Planung – Fragen der Schülerinnen und Schüler an Phänomene aus ihrer Umwelt mit fachlichen Perspektiven verwoben werden. Dieses »Verweben« ist eine stets neu zu erschaffende Konstruktionsleistung der Lehrkraft, die hohe Ansprüche an deren professionelles Können stellt. Gelingt sie, dann ereignet sich Lernen. So erleben oder beobachten Schülerinnen und Schüler mit geistiger Behinderung etwa Naturphänomene, staunen und stellen Fragen dazu: Wie kommt das? Was wird aus …? Zur Beantwortung dieser Fragen bietet ihnen der Unterricht die fachspezifischen Arbeitsweisen des Beobachtens oder Experimentierens an. In

Bezug auf räumliche Phänomene wollen sie private und öffentliche Räume in der näheren und ferneren Umgebung erkunden. Sie fragen: Wie finde ich dorthin? Was kann man dort machen, was gibt es dort? Im Sachunterricht suchen sie diese Räume auf und lernen, Karten zu lesen und Kartenskizzen zu erstellen. Da viele Phänomene Schülerinnen und Schülern mit geistiger Behinderung zunächst auch unter dem Aspekt der lebenspraktischen Bewältigung entgegentreten und die elementare Auseinandersetzung mit ihnen sich in zentralen Entwicklungsbereichen förderlich auswirken kann, ist es außerdem nötig, zusätzlich zu den »klassischen« Fachperspektiven noch lebenspraktische und entwicklungsorientierte Bezüge in den Sachunterricht im FgE zu integrieren. Es erscheint wenig sinnvoll, mit Schülerinnen und Schülern mit geistiger Behinderung sozial-ökonomische Fragen im Zusammenhang mit dem Thema »Milch« zu erörtern, wenn diese nicht wissen, wo im Supermarkt sich diese befindet und wie man aus Milchprodukten einfache Speisen herstellen kann.

2.2 Lernen im Sachunterricht im FgE

Mit der Eingrenzung und Beschreibung der Schülerschaft im FgE begibt man sich auf schwieriges Terrain (vgl. Biewer & Koenig 2019). Zu vielgestaltig scheint die gemeinte Gruppe, zu heterogen – was das Unterrichten spannend macht, ebenso aber die Gefahr von pauschalisierenden Verallgemeinerungen mit sich bringt. Dennoch wird an dieser Stelle der Versuch unternommen, das Lernverhalten von Kindern und Jugendlichen mit geistiger Behinderung zu skizzieren (vgl. Fischer 2013):

- Es besteht eine erhebliche Diskrepanz zwischen individuellen Handlungsmöglichkeiten und den Anforderungen der Umwelt bzw. der Gesellschaft. Die Teilhabe an wesentlichen Lebensbereichen (Arbeit, Wohnen, Mobilität, Selbstversorgung und Lebensgestaltung) ist damit stark eingeschränkt.
- Der Erwerb von Kompetenzen ist umfänglich und längerfristig erschwert.
- Hieraus resultieren ein hohes Maß an sozialer Abhängigkeit, ein sehr hoher individueller Förderbedarf und besondere Erziehungs- und Bildungsbedürfnisse sowie das Angewiesen-Sein auf personale und wertschätzende Zuwendung.

Pfeffer (1984) geht von einer Diskrepanz der Verfasstheit der Lebenswelt von Menschen mit geistiger Behinderung und deren Handlungsmöglichkeiten aus – dieses Missverhältnis definiere Behinderung mit. Die pädagogische Aufgabe besteht nach Pfeffer darin, Möglichkeiten der erlebenden und handelnden Partizipation an der Alltagswelt zu schaffen, wobei es in didaktischer Hinsicht auch notwendig sein kann, die Komplexität dieser Lebenswelt modellhaft zu reduzieren. Ich sehe hier eine gewisse Parallelität zum Phänomen der »Lücke« (▶ Kap. 3.3.3) sowie zur Notwendigkeit der Strukturierung (▶ Kap. 3.1) und Veranschaulichung (▶ Kap. 3.2).

Allerdings ist die Diskrepanz zwischen individuellen Handlungsmöglichkeiten und den Anforderungen der Umwelt angesichts der Heterogenität der Schülerschaft an Schulen mit dem FgE sehr unterschiedlich ausgeprägt. Wagt man trotzdem eine Verallgemeinerung, so lässt sich aus Sicht der Kognitionspsychologie sagen, dass Schülerinnen und Schüler mit geistiger Behinderung in der Regel »Schwierigkeiten (haben), Zusammenhänge und Ordnungen in der Umwelt und in sozialen Beziehungen zu verstehen und das eigene Verhalten dementsprechend zu planen« (Sarimski, zit. n. Schuppener 2008, 92). Das impliziert weiterhin, dass Schülerinnen und Schüler mit geistiger Behinderung über eine meist signifikant unterdurchschnittliche und wenig differenzierte Allgemeinintelligenz verfügen. Aufgrund zentraler Verarbeitungsstörungen und der Schädigung von Hirnstrukturen kommt es zu Störungen der Reiz- und Informationsverarbeitung. Entsprechende Lern- und Speicherstrategien sind wenig ausgebildet. Dies zeigt sich bei Aufgaben, die nicht nur Aufmerksamkeitsleistungen, sondern auch kognitive Verarbeitungsprozesse (Speicherung von Informationen, Abruf aus dem Gedächtnis durch Wiedererkennen und Zuordnen) erfordern. Damit hängen Probleme beim Einprägen von Informationen sowie bei der Organisation und Strukturierung von Informationen und Reizen zusammen. Schwierigkeiten bereitet häufig die Steuerung sprachlicher Prozesse. Sprache wird seltener als Hilfe zur Handlungssteuerung eingesetzt, dies erschwert das Speichern und Kategorisieren von Information sowie zielgerichtete Handlungen und das Finden von Lösungsstrategien (vgl. Schuppener 2008, 92 ff.).

Aufgrund dieser Beeinträchtigungen ist der adäquate Zugang zur Welt erschwert. Auch das »Lernen nebenbei«, von dem Kinder ohne Lernbeeinträchtigung in so hohem Maße und häufig scheinbar mühelos profitieren, kann nicht ohne Weiteres vorausgesetzt werden.

Diese Aussagen sind – wie bereits mehrfach betont – differenziert zu sehen im Hinblick auf die große Heterogenität des genannten Personenkreises und die je nach fachlicher Perspektive in unterschiedlicher Weise dargestellten Ausprägungsgrade von geistiger Behinderung. Hierauf wird in Bezug auf das »Planquadrat« zur Konzeption von Sachunterricht noch detaillierter eingegangen.

2.3 Sachunterricht im FgE im Wandel

2.3.1 Veränderung der Schülerschaft

Über eine Veränderung der Schülerschaft an Schulen mit dem FgE wird viel diskutiert – meistens unter der Prämisse, dass die Anzahl der verhaltensschwierigen Schülerinnen und Schüler und die Intensität der Verhaltensprobleme dort zunehme (vgl. Häußler 2017). Ich persönlich bin der Meinung, dass es diese Probleme immer schon gab. Einen gravierenden Wandel sehe ich in der Veränderung der Zusammensetzung der Schülerschaft bezogen auf ihr kognitives Leistungsniveau. In der empirischen Studie »Schülerschaft mit dem Förderschwerpunkt geistige Entwicklung II« (Baumann et al. 2021) lassen sich nach der Einschätzung der befragten Lehrkräfte 59 % (zehn Jahre zuvor ca. ein Drittel) der Schülerschaft der Gruppe mit einer leichten Intelligenzminderung zuordnen, 23 % weisen eine mittelgradige und 12,6 % eine schwere bzw. schwerste Intelligenzminderung auf. 5,4 % der Schülerschaft wurde keine (!) Intelligenzminderung zugeschrieben (Wagner 2021, 166).

Bezogen auf den Sachunterricht bedeutet dies, dass wir es an Schulen mit dem FgE mit einer Schülerschaft zu tun haben, die zu einem großen Teil auch vergleichsweise anspruchsvolle Lerninhalte bewältigen kann und ein entsprechendes Lernangebot erhalten muss. Vielleicht ist es auch diese Gruppe, auf welche die Diskussion um eine verstärkte Fächerorientierung eigentlich zielt? Schlägt man etwa Dieter Fischers »Methodische Grundlegung« auf, ein verdienstvolles Buch, welches zuerst Ende der 1970er Jahre erschien, so stellt man fest, dass sich seine Überlegungen offensichtlich eher auf Schülerinnen und Schüler mit schwerer und mittelgradiger Intelligenzminderung beziehen. Heute sitzen in den Klassenzimmern vermehrt Schülerinnen und Schüler, für die im Sachunterricht ein vielschichtiges Angebot bereitgehalten werden muss – im Plan-Quadrat u. a. abgebildet durch die Inhalte und Kompetenzen im Bereich »Fachbezogenes Lernen«.

2.3.2 Fächerorientierung vs. lebenspraktisches Lernen?

Lebenspraktisch akzentuierte Inhalte und Zielsetzungen des Unterrichts spielten in frühen Konzeptionen der Schule mit dem FgE eine prominente Rolle und stellten von Anfang so etwas wie deren »Markenkern« dar. Es wird in diesem Buch zu zeigen sein, dass die lebenspraktische Perspektive nach wie vor ein wesentlicher Bestandteil des Sachunterrichts ist, weil sie den Lernbedürfnissen eines erheblichen Teils der Schülerschaft entspricht.

Lebenspraktisches Lernen meint die bewusste didaktische Akzentuierung von gemeinhin als selbstverständlich erachteten Alltagstätigkeiten. Speck spricht von »Lebensfertigkeiten« als der »pragmatische(n) Komponente der pädagogischen Aufgabenstellung« (2005, 188). Gegenstand sind Aspekte der Selbstversorgung und damit Kompetenzen u. a. in den Bereichen Körperpflege, Ernährung, Kleidung, Umgang mit Geräten, Wohnen/häusliches Tun sowie der eigenen Sicherheit (vgl. Häußler 2018).

Fächerorientierung des Unterrichts für Schülerinnen und Schüler mit dem FgE trat hingegen angesichts drängender didaktischer Fragen, die sich nicht zuletzt aus der Heterogenität der Schülerschaft ergaben, über lange Zeit in den Hintergrund: Diskutiert wurden eher Fragen der (Inneren) Differenzierung, Individualisierung und inhaltlichen Reduktion, eine Antwort hierauf schien u. a. in vielfältigen Konzepten offenen Unterrichts zu liegen (Freiarbeit, Wochenplan, Lernwerkstatt und vieles mehr), welche zwar differenzierte Unterrichtsangebote ermöglichen, deren Fokus häufig jedoch eher auf der Materialgestaltung und Unterrichtsorganisation zu liegen schien, weniger auf Inhaltlichkeit und Fachbezug (vgl. Ratz 2011).

Kritisch gesehen wird von Verfechtern einer verstärkten Fächerorientierung die vermeintliche Einengung des Bildungsbegriffs auf lebenspraktische Förderung: Das Argument der Lebenspraxis führe regelmäßig dazu, Schülerinnen und Schülern viele Themen und Fachperspektiven systematisch vorzuenthalten, so die Argumentation. Bildung sei mehr als die Zurichtung des Menschen auf die Bewältigung seines Alltags hin. Schülerinnen und Schüler mit geistiger Behinderung sollten ein Anrecht darauf haben, auch von Themen irritiert zu werden, die bislang außerhalb ihrer Lebenswirklichkeit lagen und die nicht immer einem unmittelbaren Anwendungsbezug folgen müssten (vgl. hierzu Musenberg 2017; 2019). Mit dem Argument der Möglichkeit der Teilhabe an Bildung und im Hinblick auf Inklusion haben Riegert und Musenberg diese fachdidaktischen Ansprüche mit dem Buch »Inklusiver Fachunterricht in der Sekundarstufe« (2015) untermauert und damit den bislang elaboriertesten Vorschlag in diese Richtung gemacht, der allerdings auch zahlreiche Fragen aufwirft.

Andererseits: Auch eine vermeintlich angestaubte, lebenspraktisch angelegte Konzeption wie der »Handlungsbezogene Unterricht« (Mühl 1981), die von grundlegenden Lebenssituationen ausging und dabei verschiedene inhaltliche Aspekte im Sinne eines mehrperspektivischen, fächerübergreifenden Lernens integrierte (▶ Kap. 2.1.2), weist damit durchaus aktuelle Merkmale auf. Und umgekehrt: Die Orientierung an realen Lebenssituationen, in denen sich

Fragen und Probleme stellen, welche wiederum bestimmter Kompetenzen zu ihrer Bewältigung bedürfen, kommt auch im Zusammenhang mit der Diskussion um kompetenzorientierten Unterricht zu neuen Ehren. Eine wesentliche Intention des Plan-Quadrats ist es, vor dem Hintergrund dieser Diskussion aufzuzeigen, dass lebenspraktisches und fachbezogenes Lernen sich in mehrfacher Hinsicht ergänzen und die ganze Bandbreite eines notwendigen Lernangebots an Schülerinnen und Schüler mit geistiger Behinderung abdecken können.

2.3.3 Kompetenzorientierung

Seit der Einführung von sog. Bildungsstandards für einige Kernfächer und Jahrgangsstufen wird von Grundfähigkeiten, Schlüsselqualifikationen oder Kompetenzen gesprochen, die im Zentrum des Unterrichts stehen. Als Kompetenzen bezeichnet man »die bei Individuen verfügbaren oder durch sie erlernten kognitiven Fähigkeiten und Fertigkeiten, um bestimmte Probleme zu lösen, sowie die damit verbundenen motivationalen, volitionalen und sozialen Bereitschaften und Fähigkeiten, um die Problemlösungen in variablen Situationen erfolgreich und verantwortungsvoll nutzen zu können« (Weinert 2001, 27 f.).

Die für ein Fach maßgeblichen Kompetenzen werden in sog. Kompetenzstrukturmodellen zusammengefasst. Diese beschreiben den Kern des fachbezogenen Wissens und Könnens, welches in sinnvollen Lernschritten aufgebaut werden sollte.

Basierend auf dem Kompetenzstrukturmodell eines Faches sollten Aufgaben und Tests entwickelt werden, mit denen die Erreichung der den Lehrplänen zugrunde liegenden Bildungsstandards überprüft werden können. Hieran orientiert werden Lernprozesse in Klassen, in Schulen und auch auf Länderebene verglichen und evaluiert sowie den Lehrenden und Lernenden Rückmeldung gegeben. Dieser Aspekt ist bezogen auf den FgE natürlich hoch problematisch bzw. schlichtweg nicht realisierbar. Nötig wäre hier ein individualisiertes Verständnis von Kompetenz, welches nicht festlegt, wann, in welchem Maße und in welchem Lerntempo diese erworben wird.

In Bayern ist die Implementierung und Anwendung der KMK-Bildungsstandards in den Lehrplänen seit 2006 gesetzlich verankert, die Diskussion um eine Kompetenzorientierung der Lehrpläne im Gefolge des sog. »PISA-Schocks« gab es schon vorher. Umso verwunderlicher erscheint es, dass diese in der Geistigbehindertenpädagogik in Wissenschaft und Praxis kaum Widerhall fand. In einem Beitrag aus dem Jahr 2008 weisen Musenberg et al. auf problematische Aspekte und Ungereimtheiten hin, insbesondere auf die sog. »Outputorientierung« des Kompetenzansatzes. Dieser »Output« der Schülerinnen und Schüler ist es, welcher gemäß der den Lehrplänen zugrunde liegenden Bildungsstandards gemessen werden soll und an dem sich sodann auch die Leistung der Lehrenden und des Systems Schule bemisst. Outputorientierung »wird nicht erst bei ihrer Anwendung im Förderschwerpunkt geistige Entwicklung zum Problem, sondern ist generell in Frage zu stellen ...«, weil »die überwunden geglaubte Debatte um Lernzielorientierung und Machbarkeit des Lernens reaktualisiert« (Musenberg et al. 2008, 314) werde. Allein an diesen Aspekt ließen sich einige fundamentale, wohl nicht einfach zu beantwortende Fragen anknüpfen und diskutieren, unter anderem die, ob Geistigbehindertenpädagogik es nicht immer auch mit dem Moment der »Unveränderbarkeit« (Kobi 1999) zu tun hat, also in etwa dem Gegenteil dessen, was mit Output gemeint ist? Dies ist bislang nicht geschehen (vgl. Häußler 2020). Für den Sachunterricht im FgE wird in diesem Buch eine Annäherung an den Kompetenzbegriff versucht, indem die Lernaktivitäten der Schülerinnen und Schüler in Zusammenhang mit den jeweiligen Inhalten hervorgehoben werden.

2.3.4 Sachunterricht im FgE als inklusiver Sachunterricht?

In die Diskussion um die inklusive Umgestaltung des deutschen Bildungssystems waren von Anfang an auch Kinder und Jugendliche mit geistiger Behinderung einbezogen (vgl. Ratz 2017). Die Publikationen hierzu füllen mittlerweile ganze Bibliotheken. Viele Diskussionsbeiträge beziehen sich auf das grundsätzliche Für und Wider bzw. auf organisatorische und strukturelle Fragen. Der für den schulischen Alltag eigentlich interessante und entscheidende Bereich der Didaktik und Methodik eines inklusiven Unterrichts jedoch wird dabei kaum ausgeleuchtet, entsprechende konkrete Konzepte finden sich nur vereinzelt.

> »Dies gilt insbesondere für die Frage, wie Unterricht so geplant und gestaltet werden kann, dass er den vielfältigen Lernvoraussetzungen von Schülerinnen und Schülern, insbesondere auch von Kindern und Jugendlichen mit Behinderungen bzw. mit einem besonderen Förderbedarf gerecht werden kann. Dieser ›blinde Fleck‹ in der Diskussion um schulische Inklusion ist insofern erstaunlich, kann doch Unterricht nach wie vor als Kerngeschäft von Schule verstanden werden« (Riegert & Musenberg 2015, 9).

Dass im Zusammenhang mit schulischer Inklusion an die Bedeutung von Unterricht erinnert werden muss, bestätigt den subjektiven Eindruck, dass diesbezüglich scheinbar häufig ein Primat des Organisatorischen herrscht. Polemisch zugespitzt formuliert: Wie genau der (gemeinsame) Unterricht aussieht, ob dabei alle Schülerinnen und Schüler auf ihre Kosten kommen und nicht über- oder unterfordert sind, ist offenbar zweitrangig – Hauptsache, alle sind zunächst einmal im selben Klassenzimmer versammelt.

Das hier vorgestellte Plan-Quadrat ist aus Erfahrungen im Unterricht an Schulen mit dem FgE erwachsen und bezieht sich dementsprechend eigentlich auf nicht-inklusive Unterrichtssituationen. Dennoch erscheint es durchaus auch kompatibel mit der Planung inklusiver Unterrichtssituationen. So wird etwa Viel- bzw. Mehrperspektivität als wesentliches Merkmal inklusiven Sachunterrichts betrachtet (vgl. Schomaker & Seitz 2011, 161 f.; Kaiser 2015a, 2015b). Diese ist auch ein zentrales Moment des Plan-Quadrats. Insbesondere die Ebene des fachbezogenen Lernens kann durchaus als Scharnierstelle des gemeinsamen Lernens von Kindern und Jugendlichen mit und ohne intellektuelle Beeinträchtigung gesehen werden. Dies bedeutet auch, sich an den Fächern bzw. Fachperspektiven, ihren Strukturen und inneren Zusammenhängen zu orientieren, wie Ratz (2017, 186) es zurecht fordert. Ebenso wird auf das kommunikativ-dialogische Moment inklusiven Sachunterrichts hingewiesen, welches ich im vorliegenden Konzept u. a. in der übergeordneten Lernaktivität »Kommunizieren/Mit anderen zusammenarbeiten« realisiert sehe (▶ Kap. 4.2). An diesen Beispielen zeigt sich allerdings auch, dass aus inklusiver Sicht immer wieder Begriffe und Konzepte als inklusionsspezifisch vereinnahmt werden, die in einem nicht-inklusiven Denk- und Handlungsrahmen ebenso gültig sind bzw. dort sogar ihren Ursprung haben, wie z. B. fächerübergreifender oder vielperspektivischer Unterricht.

Doch soll hier nicht die Diskussion um schulische Inklusion aufgerollt und ebenso wenig ein Konzept inklusiven Sachunterrichts entwickelt werden. Anhand der genannten Beispiele wird aber deutlich, dass Gedanken des Plan-Quadrats prinzipiell auch in einen inklusiven Kontext integriert werden können. Wie dies konkret auszugestalten ist und wie man dabei die Lernbedürfnisse *aller* Kinder und Jugendlichen berücksichtigt, müssen allerdings andere aufzeigen.

3

Sachunterricht gestalten

3.1 Strukturierung

Eine hohe Bedeutung für die Qualität von Sachunterricht hat das Merkmal der klaren Strukturierung (vgl. Meyer 2005; Häußler 2015): »Klar strukturierter Unterricht erleichtert es insbesondere den lernschwächeren Schülerinnen und Schülern, ein hohes Maß an Aufmerksamkeit durchzuhalten« (Meyer 2005, 32). Als dessen innere Seite sind inhaltliche Entscheidungen (klare Zielsetzungen, inhaltliche Reduktion – vgl. hierzu den Begriff der »Inhaltlichen Klarheit« bei Meyer 2005, 55 ff.) zu sehen, die sich jedoch m. E. im äußerlich sichtbaren Verlauf widerspiegeln müssen.

Innere Strukturierung zielt insbesondere auf inhaltliche Strukturen und Zusammenhänge, die es im Rahmen einer didaktischen Analyse herauszuarbeiten gilt. Grundlage ist eine sinnvolle Elementarisierung bzw. Sequenzierung des Lerninhalts.

Im Rahmen der Unterrichtsplanung und -gestaltung wird innere Strukturierung durch Maßnahmen vor und während des Unterrichts sichtbar.

Tab. 3.1: Innere Strukturierung vor und während des Unterrichts

Innere Strukturierung vor dem Unterricht	Innere Strukturierung während des Unterrichts
Es muss (bei der Lehrkraft) Klarheit über das fachliche Lernziel bestehen. Was sollen die Schülerinnen und Schüler am Ende können bzw. verstanden haben? Eine klare Lernstruktur muss deutlich sein: Welche Handlungen/Denkoperationen müssen sie ausführen, welche Einsichten müssen sie gewinnen, um zum Ziel zu kommen?	Die Klärung der relevanten Vorerfahrungen der Schülerinnen und Schüler mit dem Lerngegenstand und ihrer entsprechenden Vorstellungen steht am Anfang der Erarbeitung: Kennst du das schon? Was weißt du schon darüber? Was hast du dazu schon beobachtet? Was vermutest du? Das Angebot-Nutzungs-Modell des Unterrichts von Helmke (2007) geht davon aus, dass die produktive Nutzung eines Lernangebots ganz wesentlich vom Vorwissen hierzu abhängt.
»Themenspezifische Verständnisschwierigkeiten« (Kleickmann 2012, 11) müssen identifiziert werden. Diese können u. U. dadurch entstehen, dass der Sachhintergrund von Alltagsphänomenen komplex und schwer zu durchschauen ist oder wichtige Aspekte und Sachverhalte nicht direkt wahrnehmbar sind. Hier muss überlegt werden, wie man dies im Unterricht thematisiert und den Schülern hilft, Verständnisprobleme und Lernschwierigkeiten zu überwinden. Entscheidende Aufgabe der Lehrkraft ist es, sich im Vorfeld kompakte Erklärungen und Erläuterungen zurechtzulegen.	Eine klare, möglichst aus der Perspektive der Schülerinnen und Schüler heraus formulierte Aufgabenstellung wird entwickelt, die in Form einer Zielangabe im Anschluss an die Hinführungsphase verdeutlicht wird: Damit wollen wir uns heute beschäftigen, hier müssen wir ein Problem lösen, eine bestimmte Frage beantworten, das wollen wir heute lernen. Zielsetzungen und ggf. das Vorgehen auf dem Weg dorthin werden so transparent.
Komplexe Sachverhalte müssen ggf. inhaltlich reduziert werden. Dabei kann auch die Sequenzierung in mehrere Teilaspekte und Lernschritte sinnvoll sein (vgl. Kleickmann 2012, 11).	Die Klarheit der Ergebnissicherung ist gewährleistet insbesondere durch ein begleitend zum Unterrichtsverlauf entstehendes Tafelbild, welches unter Einbezug der Schülerinnen und Schüler erstellt wird und die wesentlichen Unterrichtsergebnisse zusammenfasst. Das Tafelbild wiederum ist Ergebnis der Überlegungen zur Lernstruktur.
Passende Repräsentationsformen und -modelle müssen ausgewählt werden, die Abstraktionsebenen müssen sinnvoll aufeinander bezogen sein (vgl. auch die Überlegungen zum Unterrichtsprinzip der Veranschaulichung in ▶ Kap. 3.2).	Die Klarheit der Ergebnissicherung wird zudem unterstützt durch klare Lehrersprache (mit eindeutiger Begrifflichkeit, die in der Stunde durchgehalten wird) sowie eine soweit wie möglich durchgängige sprachliche Beteiligung der Schülerinnen und Schüler, die Handlungen

Tab. 3.1: Innere Strukturierung vor und während des Unterrichts – Fortsetzung

Innere Strukturierung vor dem Unterricht	Innere Strukturierung während des Unterrichts
	begleitend verbalisieren und Unterrichtsergebnisse zwischendurch immer wieder zusammenfassen. Auch hierbei spielt die Orientierung am Tafelbild eine wichtige Rolle.
	Die Lehrkraft moderiert das Unterrichtsgespräch und hebt wichtige Unterrichtsbeiträge der Schülerinnen und Schüler hervor, damit diese nicht im Unterrichtsgespräch untergehen: Das war wichtig, kannst du das nochmal sagen? Sie moderiert das Unterrichtsgespräch, indem sie auf Ähnlichkeiten und Unterschiede in den Schüleräußerungen hinweist.

Innere Strukturen und Zusammenhänge des Lerninhalts müssen sich als *äußere Strukturierung* im sichtbaren Verlauf bzw. der Gestaltung der Stunde widerspiegeln und in ihrem Zusammenhang klar hervortreten. Entscheidend ist hierbei das Tafelbild, an dem die innere, inhaltliche Struktur des Themas zu etwas äußerlich Sichtbarem wird. Darüber hinaus ist der Unterricht so gestaltet, dass er den Schülern ein hohes Maß an Orientierung ermöglicht (vgl. hierzu Häußler 2015, 43 ff.).

Äußere Strukturierung meint hauptsächlich die Prozessstruktur des Unterrichts, also das Unterrichtsmanagement und die »didaktisch-methodische Linienführung« (vgl. Meyer 2005, 26).

Denkt man die innere und äußere Seite von Strukturierung zusammen, so kann in der konkreten Unterrichtsstunde die »Stimmigkeit von Zielen, Inhalten und Methoden« (Meyer 2005, 26) erreicht werden. Ganz wesentlich ist hierbei, wie die Lehrkraft die einzelnen Versatzstücke in ihrem unterrichtlichen Handeln zusammenfügt und sie zu einem kohärenten Ganzen bündelt. Hierzu gehören auch ein guter Überblick über das Unterrichtsgeschehen und die Gewährleistung eines reibungslosen organisatorischen Ablaufs durch gute Planung und rechtzeitige Interventionen bei drohenden Störungen.

3.2 Veranschaulichung

Im Sachunterricht kommen spezifische Formen der Veranschaulichung zum Tragen. Ich halte diesen didaktischen Begriff (vgl. Wiater 2014; Weiß 2018) für besonders wichtig, da in ihm die Tatsache zum Ausdruck kommt, dass im Unterricht Realität meist nicht als unmittelbare Erfahrung präsent ist, sondern im Klassenzimmer für den Lernprozess in unterschiedlichem Abstraktionsgrad rekonstruiert wird. Damit meint Veranschaulichung etwas anderes als Anschauung: Anschauung bezieht sich auf den konkret gegebenen Lerngegenstand, Veranschaulichung meint hingegen die Formen von dessen Rekonstruktion im Unterricht. Sie ist also nicht per se lebensnah, sondern schafft unter Umständen sogar Distanz. Dies hat u. U. den Vorteil, dass im Akt der Distanzierung Ordnungen und Zusammenhänge deutlicher werden. Der Zugang zum Wesen der Dinge kann gelingen, weil sie aus der Komplexität der sie umgebenden Realität herauspräpariert, auf ihre Grundzüge reduziert und so zum Gegenstand des Erkennens werden. Im Prozess der Veranschaulichung wird die Wirklichkeit demnach häufig vereinfacht und nicht einfach nur abgebildet: Veranschaulichung ist immer auch Auswahl und aktive Gestaltung der Realität unter einem bestimmten Blickwinkel, einem Erkenntnisinteresse oder anhand von Begriffen und Ordnungskriterien. Dabei treten – analog zur Elementarisierung bzw. Reduktion – die wesentlichen Aspekte der Sache hervor, denn gerade sie sind es häufig, die schwer zu erfassen und zu verstehen sind. So kann der Maulwurf als Gartenbewohner eigentlich nicht veranschaulicht werden – man kann ihn (bzw. sein Präparat aus der Biologiesammlung) betrachten und anfassen. Veranschaulicht werden muss hingegen das Phänomen der Anpassung, welches am Maulwurf als Erdbewohner anhand seines spezifischen Körperbaus erkennbar wird. Veranschaulichung nimmt ihren Ausgang vom konkreten Erleben und Tun und schreitet in zunehmendem Abstraktionsgrad fort bis zur Versprachlichung und Verschriftlichung.

Im *konkreten Tun* ist die Realität zunächst noch unmittelbar vorhanden – das Lernobjekt ist in seiner Anschaulichkeit Ausgangspunkt für das Verstehen, Erkennen und Lernen. Anschauung und Veranschaulichung entsprechen sich gewissermaßen noch. Im basalen Erleben und Gestalten ist eine Rekonstruktion der Realität nicht nötig, ebenso wenig im nachahmenden Handeln, wenn etwa lebenspraktische Vollzüge gelernt werden. Sobald jedoch Handlungen versprachlicht oder ihre wesentlichen Elemente als Abbildung oder Symbole festgehalten werden, beginnt bereits Rekonstruktion im o. g. Sinne.

Anhand von *Modellen* als dreidimensionaler Rekonstruktion von Realität ist es möglich, didaktisch Wesentliches auf Kosten des Unwichtigen hervorzuheben. Im Modell einer Wohnung kann die Funktion der einzelnen Räume veranschaulicht werden, in einem weiteren Schritt kann im Sandkasten anhand des Modells einer Landschaft der erste Schritt zu einem elementaren Kartenverständnis getan werden. Auch Abläufe und Prozesse können so veranschaulicht werden, wie etwa das zyklische Modell des Wasserkreislaufs.

Das Bild rekonstruiert ebenfalls die Realität: Als Fotografie, Film, Animation oder Zeichnung hebt es in einem Reduktions- und Abstraktionsprozess das Wesentliche hervor. Bildreihen können dabei auch Prozesse wie z. B. Handlungsfolgen veranschaulichen und konkretes Geschehen auf einer höheren Abstraktionsebene darstellen. Dabei müssen Abbildungen klare und markante Strukturen aufweisen, wenn sie von Kindern und Jugendlichen mit Beeinträchtigungen im Bereich der Perzeption wahrgenommen werden sollen. Dies ist der Vorteil der Zeichnung gegenüber der Fotografie, dem Film oder einer digitalen Animation: hier lenken vielerlei Einzelheiten und rasche Bildschnitte leicht vom Wesentlichen ab. Lehrkräfte, die Bilder als Mittel der Veranschaulichung einsetzen, müssen sich folgende Fragen stellen: Verfügen die Schülerinnen und Schüler über die notwendigen Voraussetzungen im Bereich der sensoriellen Wahrnehmung? Können sie die angebotenen visuellen Reize zu Bedeutungseinheiten kombinieren und ihnen Sinn zuordnen? Können sie die Ergebnisse dieser Wahrnehmungsvorgänge speichern und bei Bedarf wieder abrufen? Eine entsprechende Gestaltung von Bildern im Sinne einer inneren Strukturierung ist in jedem Fall sinnvoll: Abbildungen sind auf das Wesentliche reduziert und in Form und Farbe eindeutig, tragende Elemente sind entsprechend hervorgehoben. Den Schülerinnen und Schülern werden durch Abbildungen kognitive Kategorien angeboten, mit ihrer Hilfe wird eine motivierende Fragestellung entwickelt, um die Vielfalt der Wahrnehmungsreize zu strukturieren. Und: Bilder werden in Handlung (rück-) übersetzt und versprachlicht und bedürfen demnach auch immer der begleitenden Kommunikation. So entstehen Begriffe, so wird die wechselseitige Beziehung zwischen Realität, Bild und Sprache deutlich.

Grafik und Symbol sind weitere, noch abstraktere Formen der Veranschaulichung, welche andererseits in ihrer weitgehenden Reduktion noch prägnanter sind als Bilder und so rasche Informationsentnahme und Orientierung ermöglichen (▶ Abb. 3.1). In der Alltagswirklichkeit sind sie weit verbreitet und haben daher hohe lebenspraktische Relevanz (Toilette, öffentliche Verkehrsmittel, Warnhinweise, sog. Emojis etc.). Immer bedürfen sie der Versprachlichung und Verständigung über ihre Bedeutung, fordern diese aber auch heraus.

Abb. 3.1: Symbolhafte Darstellung des Ablaufs eines Experiments

Bild und Grafik bzw. Symbol können im Unterricht auch gut kombiniert werden, etwa bei der Darstellung von Handlungsfolgen (▶ Kap. 5.3).

Die Erzählung ist ebenfalls eine Rekonstruktion der Realität – mit sprachlichen Mitteln. In der Erzählung ist ein Miterleben eines Sachverhalts möglich, insbesondere wenn es dem Erzählenden gelingt, über Stimmgebung, Gestik und Mimik einen emotionalen Bezug zum Geschilderten herzustellen. Im Geschichtsunterricht ist die Geschichtserzählung ein bewährtes didaktisches Mittel (▶ Kap. 5.7.2). Sinnvoll und hilfreich kann es sein, die Erzählung mit Abbildungen zu kombinieren und damit zu strukturieren.

Der *Text* (im Sachunterricht als Sachtext) ist dann die abstrakteste Form der Veranschaulichung. Mit seiner Hilfe können Sachverhalte kompakt zusammengefasst und dargestellt werden. Voraussetzung für einen lernwirksamen Einsatz im Sachunterricht ist eine entsprechende Lesekompetenz. Der Leseprozess darf sich nicht so mühevoll gestalten, dass er der inhaltlichen Auseinandersetzung mit dem Lerngegenstand entgegensteht. Da jedoch ein nicht unerheblicher Anteil der Schülerschaft an Schulen mit dem FgE über die notwendigen Fähigkeiten verfügt, ist der Einsatz von knapp gehaltenen und inhaltlich klar strukturierten Sachtexten (welche aus diesem Grund in der Regel von der Lehrkraft wohl meist selbst erstellt werden müssen) zumindest als Differenzierungsangebot auch hier eine Option (▶ Abb. 3.2).

Eine besondere Form der Veranschaulichung stellt das *Rollenspiel* dar – mit seiner Hilfe können insbesondere soziale Situationen in den Unterricht hereingeholt und in ihrer Dynamik veranschaulicht werden (▶ Kap. 5.4.2).

3 Sachunterricht gestalten

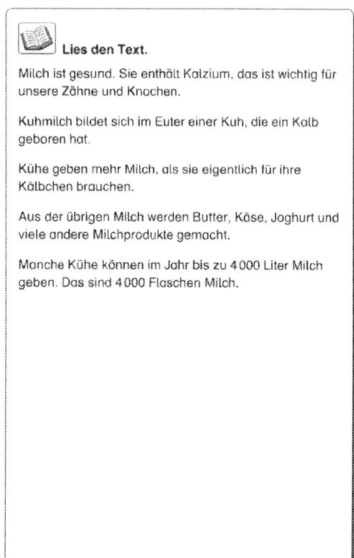

Abb. 3.2: Sachtext im Sachunterricht (aus: Michael Häußler: Tiere und Pflanzen in meiner Umgebung, S. 29 © Persen Verlag).

3.3 Kognitive Aktivierung

3.3.1 Kognitive Aktivierung – was ist das?

Ein grundlegendes Prinzip und wesentliches Merkmal des Sachunterrichts für Schülerinnen und Schüler mit geistiger Behinderung ist die Schaffung individueller Zugänge zur Umwelt durch sinnliche Erfahrung und die direkte Auseinandersetzung mit ihr durch das Handeln an realen Gegenständen (vgl. Pfeffer 1984; Speck 2005, 250 ff.). Dass Lernen von realer Erfahrung und handelnder Auseinandersetzung lebt, ist unter Sonderpädagogen sicherlich unstrittig. Bisweilen hat man jedoch den Eindruck, dass der Handlungsbegriff in der Praxis etwas salopp gehandhabt und jegliches Hantieren und In-Aktion-Sein schon als Handlung und damit als lernwirksam betrachtet wird. Handlung ist aber mehr: Sie ist geprägt von Prozessen der Antizipation und Erfahrungen durch Einsicht (► Kap. 5.3). Speck (2005, 251) sieht die Bedeutung eines handlungsorientierten Unterrichts darin, dass er u. a. Lernen in Sach- und Sinnzusammenhängen sowie Einsicht und Kreativität ermöglicht. Hilfreich scheint in diesem Kontext der Begriff der kognitiven Aktivierung als eine Tiefenstruktur von Unterricht.

Die Unterrichtsforschung unterscheidet zwischen Sicht- und Tiefenstrukturen des Unterrichts:

Sichtstrukturen sind Unterrichtsmerkmale, die nach kurzer Beobachtung leicht erkennbar sind. Dazu gehören u. a. Organisationsformen und strukturelle Rahmenbedingungen (Klassenverband, äußere Differenzierung etc.), Unterrichtsmethoden (vgl. die »methodischen Großformen« nach H. Meyer wie direkte Instruktion, offener Unterricht etc.) sowie Sozialformen. Kognitive Aktivierung hingegen ist (neben dem classroom management und der konstruktiven Unterstützung der Lernenden) Teil der sog. Tiefenstrukturen von Unterricht. Bei ihnen geht es um den Austausch zwischen Lehrenden und Lernenden sowie die Qualität der Beschäftigung der Lernenden mit dem Lerninhalt (vgl. Kunter & Trautwein 2013, 76 ff.). Von diesen Tiefenstrukturen hängt das Gelingen und die Lernwirksamkeit von Unterricht in weit höherem Maße ab als von den Sichtstrukturen.

Kognitive Aktivierung bezeichnet den intellektuellen Anforderungsgehalt von Unterricht. Begreift man Lernen als aktiven Prozess, so richten die Lernenden hier ihre Aufmerksamkeit auf das Lernmaterial, vergleichen neue Informationen mit bereits vorhandenem Wissen und lösen aktiv Probleme. Damit erweitern sie ihre Wissensstrukturen, gleichzeitig wird die Vernetzung von Wissen und Transfer auf andere Aufgabenstellungen ermöglicht.

Gemeint sind also immer Denkprozesse, damit eine »intensive geistige Teilnahme« (Mühlhausen 2017, 42) am Unterricht und keine vordergründige Beschäftigung.

Kognitive Aktivierung zielt darauf ab, die Bereitschaft der Schülerinnen und Schüler zu wecken, sich aktiv mit dem Lerngegenstand auseinanderzusetzen und an ihm neu gewonnene Einsichten mit bereits Gelerntem zu verknüpfen. Versteht man kognitive Aktivierung als Anregung von »vertiefendem, verstehendem und vernetzenden Lernen« (Heymann 2015, 6), bedeutet dies, dass bei neuen Lerninhalten der Bezug zur Lebenswelt der Schülerinnen und Schüler hergestellt und die Fragestellung von hier aus entwickelt wird (Vernetzung). Eine Problemstellung wird durch Erproben, Planen, einsichtiges Handeln gelöst (Verstehen). Eng verknüpft mit dem Aspekt der Vernetzung wird neu Gelerntes mit bereits Bekanntem verglichen und somit in einen Zusammenhang gebracht, dabei durch Anwendung, Transfer und Reflexion sowie Übung gesichert und in den Wissens- und Könnensbestand der Lernenden eingebunden (Vertiefung).

Dies kann durch Aufgabenstellungen erreicht werden, die Interessen und Erfahrungen der Lernenden aufgreifen bzw. für diese subjektiv bedeutsam und lebensweltlich relevant sind. Deren Ausgangspunkt sind lebensweltliche oder fachliche Problem- und Anwendungssituationen, die den Erwerb und die Anwendung lebenspraktischer, fachbezogener sowie überfachlicher Kompetenzen ermöglichen bzw. erfordern und sich evtl. auch in verschiedener Weise lösen lassen. Solche herausfordernden handlungs- und problemorientierten Zugangsweisen, die von »Lücken« und Diskrepanzen im Welterleben der Schülerinnen und Schüler ausgehen (s. u.), generieren eine Haltung des Fragens und der Neugier und ermöglichen Erfolgserlebnisse, die zum Weiterlernen anspornen.

Anregend wirken neue inhaltliche Aspekte, die aber auch einen entsprechenden Anteil an Bekanntem aufweisen, sowie Aufgaben, bei denen bekannte Sachverhalte neu miteinander verknüpft werden müssen oder die einen kognitiven Konflikt auslösen, weil neue Informationen in Widerspruch zu bereits Bekanntem stehen. Durch die Variation von Aufgabenstellungen können zudem Regelmäßigkeiten entdeckt werden.

Immer wieder gilt es, die Lernenden dazu anzuregen, ausgehend von ihrem Vorwissen Vermutungen zum neuen Lerngegenstand zu formulieren und Begründungen für ihre Annahmen zu liefern. Im Unterrichtsgespräch können Fehlvorstellungen in Frage gestellt sowie in der Operation des Vergleichens (s. u.) Ähnlichkeiten und Unterschiede zwischen verschiedenen Phänomenen herausgestellt werden.

Prinzipiell gelten diese Aussagen für alle Lernniveaustufen, auch wenn es im Zusammenhang mit kognitiver Aktivierung in erster Linie um Verstehensprozesse geht. Auch Lernangebote für Schülerinnen und Schüler mit schwerer geistiger Behinderung können aber so gestaltet sein, dass sie lebensweltlich relevant sind, Neues mit bereits Bekanntem verknüpfen und somit zur Auseinandersetzung damit motivieren. Kognitiver Aktivierung geht es letztlich darum, dass Lernende ihr Wissen und Können erweitern, indem sie dazu angeregt werden, sich aktiv mit ihren bisherigen Erfahrungen und Vorstellungen auseinanderzusetzen. Dies ist etwas, das im Unterricht auch in sehr basaler und elementarer Weise geschehen kann, wenn z. B. ein Alltagsgegenstand nicht nur in der bislang bekannten Form ins Blickfeld des Schülers kommt und entsprechend verwendet wird, sondern in einem neuen Kontext erfahren werden kann.

3.3.2 Kognitive Aktivierung durch Vergleichen

Eine – wenn auch von mir nicht so geplante, dafür aber umso überraschendere und unvergesslichere – Sternstunde erlebte ich als Lehrer, als ich mit meiner

3.3 Kognitive Aktivierung

Klasse eine Objekterkundung (▶ Kap. 5.3.4) zum Telefon durchführte. Wir betrachteten, untersuchten und benannten dessen einzelne Teile. Beim »Gehäuse« angelangt, bemerkte ein Schüler: »Die Uhr hat doch auch ein Gehäuse.« Tatsächlich hatten wir einige Wochen zuvor im Zusammenhang mit dem Erlernen der Uhrzeit die Klassenzimmeruhr einer genaueren Erkundung unterzogen und dabei ebenfalls das Gehäuse identifiziert. Spontan wurde die Uhr abgehängt und neben das Telefon gelegt – dabei konnten wir sehen, dass bei beiden Gegenständen das Gehäuse die anderen Teile, das Innenleben des Geräts, zusammenhielt und vor Beschädigung schützte. Mir wurde damals erstmals wirklich klar, welch große kognitive Leistung ein solcher Vergleich für Schülerinnen und Schüler mit geistiger Behinderung war, wie wichtig aber auch, sie immer wieder systematisch in Situationen zu bringen, in denen sie Vergleiche anstellen und so bei zwei oder mehreren Sachverhalten Unterschiede und Gemeinsamkeiten feststellen konnten.

Generell ist das Vergleichen ein zentraler Aspekt kognitiver Aktivierung:

> »Das Vergleichen kann als eine fundamentale kognitive Aktivität angesehen werden, die in vielen Lernkontexten zu einem tieferen Verständnis des Lerngegenstands beiträgt und somit eine wichtige Lernaktivität in einem verständnisorientierten Unterricht darstellt« (Lipowsky & Hess 2019, 101).

Dabei gilt es, Schülerinnen und Schüler auf allen Ebenen zu Vergleichen herauszufordern und damit schon auf einer basalen und konkreten Stufe zu beginnen.

Als geistiger Akt ist Vergleichen für die Denkerziehung von hoher Bedeutung, weil er

- zum aktiven Beobachten anhält
- die Entwicklung von Vorstellungen unterstützt
- zur Anbahnung von Abstraktionsleistungen beiträgt
- zu einem tieferen Verständnis der Sache führt.

Für den Sachunterricht im FgE besteht auf der Ebene des basalen Lernens die Möglichkeit des Vergleichens auf einer präreflexiven Ebene, wenn Schülerinnen und Schülern mit schwerer geistiger Behinderung jeweils zwei verschiedene taktile oder gustatorische Reize angeboten werden und auch hier das Erleben einer Diskrepanz bzw. eines Kontrasts ermöglicht wird.

Relativ einfach ist weiterhin der Vergleich von zwei Objekten gleicher Art (z. B. Besen und Schrubber), wobei offenbar Unterschiede eher ins Auge stechen als Gemeinsamkeiten. Haben die Schülerinnen und Schüler gelernt, zwei Objekte zu vergleichen, können weitere hinzugenommen werden.

Sinnvoll kann auch der Vergleich von zwei Objekten unterschiedlicher Art sein, wenn diese unter einem Oberbegriff subsummiert werden können (Besteck: Worin unterscheiden sich Messer und Gabel – warum ist das so? – Verschiedene technische Geräte haben alle ein Gehäuse, einen Knopf zum Ein- und Ausschalten, einen Wahlschalter für verschiedene Funktionen etc.).

Dieses Auffinden von Gemeinsamkeiten bzw. Unterschieden an konkret vorhandenen Objekten kann bereits als Abstraktionsleistung gewertet werden, die durch das Vergleichen von Gegenständen in der Vorstellung noch erweitert wird, insbesondere, wenn analysierende und synthetisierende Tätigkeiten (Auseinandernehmen/Zusammenbauen) ebenfalls in der Vorstellung vollzogen werden müssen.

All dies stellt die Voraussetzung für die Operationen des Klassifizierens (Gruppieren, Zuordnen) sowie des Abstrahierens und des Entwickelns von Vorstellungen dar. Im Zusammenhang mit den Fachperspektiven des Sachunterrichts wird noch zu zeigen sein, wie eben diese Operationen dann auf komplexere Zusammenhänge angewandt werden können.

Bei der problemlösenden Planung von Handlungen im Rahmen einer Handlungseinheit (▶ Kap. 5.3.3) ist das Vergleichen unterschiedlicher Lösungsstrategien oder auch zwischen aktuellem und angestrebtem Ergebnis ein zentraler kognitiver Prozess. Dabei werden zwischen den gegebenen Handlungselementen Beziehungen hergestellt sowie ggf. bereits erworbene Lösungsstrategien als nunmehr ungeeignet erkannt.

> »Wichtig erscheint hierbei jedoch, falsche und korrekte Aufgabenlösungen unmittelbar gegenüberzustellen und zu kontrastieren, um dadurch die Aufmerksamkeit auf den Unterschied zwischen der falschen und der korrekten Lösung bzw. zwischen dem falschen und dem korrekten Lösungsweg zu lenken« (Lipowsky & Hess 2019, 104).

Durch Kontraste und Abgrenzungen kann dabei – auch in Diskrepanz zu bisher erworbenen Handlungskompetenzen und Wissensbeständen – deutlich herausgearbeitet werden, was der eigentliche Kern der Sache ist. Oser und Spychiger (zit. n. Lipowsky & Hess 2019, 105) sprechen in diesem Sinn von »negativem Wissen«: Dieses enthält Abgrenzungswissen (Was gehört nicht zur Sache?) sowie Fehlerwissen (Was sollten wir gerade nicht tun?).

Weitere Beispiele für Operationen des Vergleichens im Sachunterricht sind:

- Vergleich von Objekten derselben Kategorie im Rahmen einer Objekterkundung (Ebene des aufbauenden Lernens).
- Vergleich von Klassensprecher- und Bundestagswahl, um Elemente von Demokratie herauszuarbeiten (Ebene des fachbezogenen Lernens: Sozialwissenschaftliche Perspektive).

- Herausarbeiten von Gemeinsamkeiten und Unterschieden beim Betrachten verschiedener Pflanzen (Ebene des fachbezogenen Lernens: Naturwissenschaftliche Perspektive).
- Vergleich von Kartenskizze, Modell und Realität, Vergleich des Lebens in anderen Ländern mit dem heimatlichen Umfeld (Ebene des fachbezogenen Lernens: Geographische Perspektive).
- Vergleich der Lebensverhältnisse heute mit denen in vergangenen Zeiten anhand konkreter Beispiele (Ebene des fachbezogenen Lernens: Historische Perspektive).
- Vergleich von Werkzeugen/Geräten hinsichtlich ihres Aufbaus und ihrer Funktionalität (Ebene des fachbezogenen Lernens: Technische Perspektive).

3.3.3 Kognitive Aktivierung durch »Probleme mit Lücke«

Im Sachunterricht bilden Erfahrungen, Vorstellungen, Fragen und Alltagsprobleme der Schülerinnen und Schüler den Ausgangspunkt, von dem her die Unterrichtsplanung entwickelt wird.

> »Der Sachunterricht ist das Fach, das die Lebenswelt der Kinder zu ihrem (sic!) Lerngegenstand hat. In diesem Unterrichtsfach treffen die (außerschulische) Lebenswelt und der (schulische) Lerngegenstand unmittelbar aufeinander. (...) Der spezifisch sachunterrichtliche Auftrag setzt ein, wenn die Verstehenskonzepte der Kinder nicht mit den Erklärungsansetzen der betreffenden Wissenschaft vereinbar oder nicht anschlussfähig sind« (Fölling-Albers 2007, 39 f.).

Dieses Wahrnehmen einer Diskrepanz, einer Lücke, eines Unterschieds basiert auf einer Operation des Vergleichens und lässt sich als Ansatzpunkt kognitiver Aktivierung begreifen. Dabei ist es prinzipiell so, dass wahrgenommene gedankliche Diskrepanzen oder Veränderungen stets interpretiert werden und das Individuum – geleitet von dem, was es über die Welt bereits erfahren hat und zu wissen glaubt – über diese Interpretationen Erklärungsansätze erschafft, welche das Wahrgenommene in einen Sinnzusammenhang stellen. Der Mensch »macht sich einen Reim« auf das, was er gesehen, gehört, gefühlt, geschmeckt, gerochen hat und erwirbt dabei Konstrukte, die bei der Orientierung in der Welt und der Auseinandersetzung mit ihr helfen. Diese Konstrukte haben dabei stets Vorläufigkeitscharakter und werden unter veränderten Umständen möglicherweise schon bald ihre begrenzte Gültigkeit zeigen. Eine Grundaufgabe des Sachunterrichts besteht darin, dieses Phänomen der Lücke aufzugreifen und im Sinne einer kognitiven Aktivierung zu nutzen.

»Probleme mit Lücke« zeichnen sich dadurch aus, dass »unsere Handlungs- und Operationspläne oder unser Bild der Wirklichkeit weiße Flecken aufweisen: Stellen, an denen wir in unserem Tun nicht weiter wissen, Stellen auch, an denen wir nicht sehen, wie Dinge, bei denen wir einen Zusammenhang vermuten, wirklich zusammenhängen« (Aebli 1987, 279 f.).

Auf basaler Ebene, beim Lernen mit Schülern mit schwerer geistiger Behinderung, kann jegliche Form der Veränderung und Unterscheidung sinnliche Wahrnehmung und Aktivität anstoßen: Ein bislang ruhender Gegenstand bewegt sich oder lässt sich bewegen. Eine Speise riecht oder schmeckt anders, weil eine neue Zutat beigefügt wurde. Der Druck des Massageballs wird stärker, dann wieder schwächer.

Schenk & Ratz (2021) beschreiben Präkonzepte von Schülerinnen und Schülern mit geistiger Behinderung, welche sich auf das Innere des menschlichen Körpers beziehen. Diese zeigen sich u. a. stark von individuellen Erfahrungen geprägt, wenn etwa Blut durch eine Verletzung sichtbar wurde und dann dementsprechend nur in der Nase lokalisiert wird, Knochen nach dem leidvollen Erlebnis eines gebrochenen Armes oder Beines nur in den Extremitäten. Diese lebensweltlich sinnvollen Konzepte können im Sinne der »Lücke« nutzbar gemacht werden, indem den Schilderungen der Schülerinnen und Schüler und evtl. einer entsprechenden Zeichnung ein Skelett aus der Biologiesammlung gegenüber gestellt, dort nach den Knochen in Armen und Beinen gesucht und anschließend festgestellt wird, dass die Knochen insgesamt ein Gerüst des gesamten Körpers darstellen. Alltagsvorstellungen und lebensweltlich geprägte gedankliche Konstruktionen sollten also nicht als bloße Fehlvorstellungen gesehen werden, sondern als wertvoller didaktischer Ausgangspunkt für gedankliche Neu-Konstruktionen (»conceptual change« – vgl. Kahlert 2016, 192).

Die Lücke zwischen den Wirklichkeitskonstruktionen des Schülers und objektiv gegebenen Wissensbeständen ist Anknüpfungspunkt für sachunterrichtliches Lernen im FgE und muss daher pfleglich und mit Sorgfalt behandelt werden. Mit »Lücke« ist hier jegliche Erfahrung einer Diskrepanz, eines Unterschieds gemeint – sei es zwischen zwei Wahrnehmungsqualitäten, zwischen Problem und Lösung, zwischen bisheriger Wirklichkeitskonstruktion und neuen, nicht dazu passenden Fakten und Beobachtungen sowie zwischen Alltagswissen und wissenschaftlich orientierter Erklärung oder Darstellung eines Phänomens. Wichtig ist es, dieses Vorwissen zu Beginn des Unterrichts zu aktualisieren, indem man die Schülerinnen und Schüler hierzu zumindest kurz befragt (dies ist auch ein Aspekt innerer Strukturierung).

Die Lücke darf nicht durch bloße Belehrung, übermäßige Bevormundung, gut gemeinte Hilfeleistungen, die Kindern und Jugendlichen mit geistiger Behinderung alles abnehmen und jedes Problem, jede Schwierigkeit aus dem Weg räumen wollen, zugeschüttet und zugekleistert werden. Herausforderungen – gerade geistige – sind wichtig, an ihnen wächst der Mensch.

4

Lerninhalte und Lernaktivitäten im Sachunterricht

4.1   Kriterien für die Auswahl von Lerninhalten

4.1.1   Probleme der Inhaltsauswahl

»Worüber müssen meine Schülerinnen und Schüler etwas erfahren? Was interessiert sie? Was brauchen sie?« Lehrkräften stellt sich die anspruchsvolle Aufgabe, für ihre Klasse Notwendiges und Geeignetes auszuwählen und aufzubereiten. Die Zugangsweisen von Schülerinnen und Schülern mit geistiger Behinderung zu Lernangeboten sind aufgrund ihrer äußerst heterogenen Lernmöglichkeiten und -bedürfnisse vergleichsweise vielfältig und differenziert. Zudem sind Lehrpläne für den FgE lediglich Rahmenpläne, die ein weites Spektrum an möglichen Inhalten anbieten.

Dieser inhaltlichen Breite steht das Bemühen um »Verdichtung und Konkretisierung« (Zillessen, zit. nach Heinen & Lamers 2006, 160) gegenüber, das u. a. im Begriff des Elementaren bzw. der Elementarisierung zum Ausdruck kommt. So ist es ein verbindendes Element der folgenden Auswahlkriterien, dass sie nach dem Grundlegenden, dem Beispielhaften, den »Bauelementen« (Heinen & Lamers 2006, 161) der Sachverhalte fragen, welche im Sachunterricht zur Sprache kommen. Und gerade hierin besteht das Faszinierende, aber auch das Schwierige des Sachunterrichts: Es muss gelingen, die Vielfalt und Kompliziertheit der Dinge einzudampfen und auf etwas Greifbares und Benennbares zurückzuführen.

4.1.2 Der Lerninhalt ermöglicht Zugänge auf verschiedenen Abstraktionsstufen

Die Heterogenität der Lernvoraussetzungen sowie der Lerngruppen bzw. Klassen macht Überlegungen nötig, wie *alle* Schülerinnen und Schüler in die Auseinandersetzung mit sachunterrichtlichen Themen einbezogen und wie entsprechend differenziert gestaltete Zugänge auf verschiedenen Abstraktionsniveaus geschaffen werden können – auch für diejenigen, die primär entwicklungsbezogene und lebenspraktisch orientierte Lernangebote benötigen. Diese können sich in ihrer Stufung an den Ebenen der Denkentwicklung orientieren (Leontjew, bei Fischer 1981, 178).

Auf der *sinnlich-wahrnehmenden Stufe* werden Lernmöglichkeiten auf der Ebene der Wahrnehmungstätigkeit angeboten, die Lernenden machen spezifische, auf den Lerngegenstand bezogene Sinneserfahrungen (das weiche Fell des Maulwurfs, die harten Nagezähne des Eichhörnchens, der Geruch einer Blume, Temperatur von Wasser usw.). Dieser Stufe ist im Plan-Quadrat v. a. die Lernaktivität des Erlebens (▶ Kap. 5.2) zugeordnet.

Die Schülerinnen und Schüler machen auf der *handelnd-aktiven (enaktiven) Stufe* Erfahrungen auf der Ebene der unmittelbaren, handelnden Auseinandersetzung, bilden Anschauungen in Bezug auf den Lerngegenstand und erschließen ggf. dessen grundlegende funktionale Eigenschaften (zum Konzept der Handlung ▶ Kap. 5.3.2/▶ Kap. 5.3.3).

Elementare Zusammenhänge und grundlegende Eigenschaften des Lerngegenstandes werden auf der *bildlich-darstellenden (ikonischen) Stufe* dargestellt, Sachverhalte werden auf ihre Grundzüge reduziert (z. B. durch bildliche Zuordnung von Frucht und Blatt zur Abbildung eines bestimmten Laubbaums, schematische Darstellung des Stromkreises, Symbole für lösliche/nicht lösliche Stoffe, denen die entsprechenden Gegenstände in ikonischer Darstellung zugeordnet werden – vgl. die Überlegungen zu Formen der Veranschaulichung in ▶ Kap. 3.2).

Auf der *begrifflich-abstrakten (symbolischen) Stufe* werden Sachverhalte versprachlicht und können zunehmend unabhängig von konkreter Anschauung abgerufen und wiedergegeben werden. Speck (2005, 262 ff.) weist darauf hin, dass Sprache nicht nur im Dienste der Kommunikation, sondern auch des Denkens steht (mediale Funktion der Sprache). Von ihrer Förderung wird auch die geistige Entwicklung maßgeblich mit beeinflusst. Aus der Sprachpsychologie ist bekannt, dass sich bereits in frühen sprachlichen Entwicklungsphasen kognitive Schemata bilden. Die Sprache unterstützt das Denken als Repräsentationsmittel. Das Kind lernt zunächst Wörter, mit denen es die Dinge seiner Umgebung – und später auch deren Beziehungen zueinander – im Sinne einer sprachlichen Symbolorganisation etikettiert. Diese Symbolfunktion erlaubt es dem Kind, über das unmittelbare sensomotorische Erkennen hinaus Wirklichkeit geistig präsent zu machen. In diesem Sinne ist die Symbolfunktion der Sprache für die Entwicklung des Denkens von zentraler Bedeutung. Im Unterricht müssen daher Handeln und Sprache im Prinzip des handlungsbegleitenden Sprechens verknüpft werden. Dabei wird das Tun vom Sprechen begleitet, das Sprechen stützt und reguliert in gleichem Maße das Handeln. Über die begleitende bildliche Repräsentation bilden sich elementare Fachbegriffe (in der naturwissenschaftlichen Fachperspektive etwa Baum, Wiese, Stromkreis, Löslichkeit, Anpassung), die letztlich auch wichtige Bestandteile der noch zu thematisierenden fachbezogenen inhaltlichen Konzepte darstellen. Der Erwerb von Elementen einer Fachsprache und damit von Sprachförderung im Sachkontext ist somit ein äußerst wichtiges Anliegen des Sachunterrichts. Allerdings ist hier darauf zu achten, dass nicht inhaltsleere Worthülsen ohne begriffliche »Füllung« gebraucht werden. Um dies zu verhindern, ist es sicherlich sinnvoll, wenn Schülerinnen und Schüler mit geistiger Behinderung zunächst vorrangig die Umgangssprache bzw. die ihnen zur Verfügung stehenden sprachlichen Ausdrucksmittel verwenden. Von hier aus sollte angestrebt werden, das Gelernte in engem Bezug zur handelnd-anschaulichen Auseinandersetzung mit einem fachlich abgesicherten Begriff zu verknüpfen, über dessen Bedeutung und Inhalt Einigkeit besteht (vgl. Rank et al. 2016; zur Bedeutung der Sprache im Unterricht vgl. Häußler 2015, 132 ff.).

Das Plan-Quadrat bildet diese Stufen mit ab, wenn Inhalte auf den Ebenen des basalen, des aufbauenden und des fachbezogenen Lernens aufgeschlüsselt werden.

4.1.3 Der Lerninhalt ermöglicht die Durchgliederung und Bewältigung elementarer Alltagssituationen

Ein wichtiges Kriterium für inhaltliche Entscheidungen ist die aktuelle Lebenssituation des Schülers und damit seine daraus resultierenden Bedürfnisse,

Interessen und Fragen. Die Vielfalt der Sachen muss zurückgeführt werden auf diejenigen, die im Rahmen elementarer Alltagssituationen (Häußler 2018, 5 sowie ▶ Kap. 5.3.2) zugänglich sind, und die zunächst auch alltagspraktisch bewältigt werden müssen.

Die Lebens- und Alltagsbedeutsamkeit eines Lerninhalts zeigt sich daran, dass an ihm Konzepte gelernt werden können, die helfen, sich in der eigenen Umwelt zu orientieren. Die Beschäftigung mit ihm verhilft zu möglichst weitgehender Selbstständigkeit, indem sie zur aktiven Lösung von Alltags-Problemen anregt.

Dies bedeutet, dass sachunterrichtliches Lernen im FgE in der Regel auch eine lebenspraktische Komponente hat, ja haben muss (▶ Kap. 2.3.2). Die Mehrheit der Schülerinnen und Schüler an Schulen mit dem FgE verfügt einer aktuellen Studie zufolge im Vergleich zu Kindern und Jugendlichen ohne intellektuelle Beeinträchtigung über sehr geringe praktische Alltagskompetenzen (Selmayr & Dworschak 2021, 206). Diese müssen im (Sach-) Unterricht angebahnt und geschult werden. (Sach-) Unterricht im FgE nur als lebenspraktischen Unterricht zu begreifen wäre zwar eine einseitige Betrachtungsweise. Andererseits stellen das Lebenspraktische, elementare Aspekte der Selbstversorgung sowie die Lebensbewältigung als Bildungsinhalte ein Angebot der Schulen mit dem FgE dar, das sie als einzige Schule denjenigen macht, die dieser Inhalte so dringend bedürfen. Das bedeutet nicht, dass darüber fächerbezogene Inhalte vernachlässigt oder ausgeblendet werden sollten. Vielmehr gilt es im Einzelfall zu entscheiden, wie beides miteinander abgewogen werden kann. Viele Lerngegenstände haben etwas von beidem zu bieten: Man kann Milch zu einem erfrischenden Bananenshake verarbeiten, dabei die Funktion des Mixers kennenlernen und darüber verstehen, dass viele Lebensmittel und Gerichte aus oder mit Milch hergestellt werden, sowie im Rahmen derselben Unterrichtssequenz etwas über Nutztiere, ihre Produkte und deren Vermarktung lernen (vgl. Häußler 2015, 31). Entscheidend ist letztlich der Blick auf die Lernbedürfnisse, aber auch die kognitiven Lernvoraussetzungen bei den Schülerinnen und Schülern.

4.1.4 Der Lerninhalt ermöglicht Elementarisierung und Reduktion

Diese besonderen Lernbedürfnisse und Lernvoraussetzungen erfordern praktisch immer eine weitreichende Reduktion sachunterrichtlicher Inhalte. Dies ist eine anspruchsvolle Aufgabe, da es gelingen muss, oftmals komplexe Zusammenhänge auf ihr Elementares, auf wenige leicht erfassbare Informationen sowie auf eine konkret darstellbare und zu veranschaulichende Grundidee zurückzuführen. Kleickmann (2012) spricht in Bezug auf den Unterricht der Grundschule von Reduktion als einem Aspekt von inhaltlicher Strukturierung im Sachunterricht (s. o.). Es ist »ganz entscheidend, die Komplexität des Sachverhaltes auf ein Maß zu reduzieren, das es ... erlaubt, die gemachten Erfahrungen zu ordnen, neues Wissen zu vorhandenen Vorstellungen in Beziehung zu setzen und ggf. auch Vorstellungen zu revidieren oder zu verändern. Die Reduktion der Komplexität des Sachverhaltes dient schließlich auch dazu, das ... Arbeitsgedächtnis zu entlasten. Komplexitätsreduktion kann als das Kernanliegen inhaltlicher Strukturierung ... angesehen werden« (Kleickmann 2012, 9 f.). Dies gilt in besonderem Maße für den Sachunterricht im FgE.

Reduktion findet immer im Spannungsfeld des Anspruchs auf Sachgemäßheit und der Lernvoraussetzungen auf Seiten des Schülers statt, welches im FgE besonders stark ausgeprägt ist. Die Suche nach entsprechenden Anknüpfungspunkten zwischen den gegebenen Fakten und der Eigengesetzlichkeit der Sache auf der einen Seite sowie dem Anspruch auf Schülergemäßheit und individueller Passung auf der anderen kann dabei zur kaum noch bewältigbaren Herausforderung werden. Insbesondere naturwissenschaftliche Sachverhalte stellen sich bei genauerem Hinsehen nicht selten als hoch komplex dar. So erscheint etwa die Fragestellung »Was sinkt, was schwimmt?« auf den ersten Blick in einem Schülerversuch auch im FgE gut darstellbar zu sein. Vergegenwärtigt man sich jedoch, dass hierbei nicht nur der Aspekt des Materials, sondern ebenso Verdrängung, Dichte, Auftrieb und Erdanziehungskraft eine Rolle spielen, zeigt sich die Vielschichtigkeit des Sachverhalts. Es stellt sich die Frage, wie diese komplizierten Zusammenhänge so weit reduzierbar sind, dass sie auch für Schülerinnen und Schüler mit intellektueller Beeinträchtigung noch nachvollziehbar werden. Sollte eine Reduktion nicht mehr möglich sein, weil sie zur allzu weitgehenden Simplifizierung oder gar zur Verfälschung eines Sachverhalts führte, wäre dies ein Ausschlusskriterium für die Wahl eines entsprechenden Lerngegenstands.

Reduktion meint also – ähnlich wie der Begriff der »Entflechtung« – kein bloßes Weglassen von Teilaspekten oder die Aufgliederung eines Lerninhalts in kleinste Schritte, sondern das Herausschälen des Wesentlichen. Hier wird die Nähe zu den Begriffen des Exemplarischen und des Elementaren (vgl. Klafki 1963) deutlich (s. u.).

»Eine Reduktion ist nur dann gelungen, wenn der grundlegende Zusammenhang eines Inhaltes erkannt wurde, der in ähnlichen Themen wieder gefunden werden kann – es sich also tatsächlich um etwas Exemplarisches ... handelt« (Ratz 2005, 213 f.).

4.1.5 Der Lerninhalt ermöglicht exemplarisches Lernen

Mit dem Prinzip des Exemplarischen hat – vom Physikunterricht her – Wagenschein (u. a. 1997) ein mögliches Verfahren der Stoffauswahl entwickelt, welches dem Verstehen den Vorzug vor der Vermittlung von »Stoff« gibt. Statt Stofffülle oder inhaltliche Vollständigkeit anzustreben, werden »wenige, aber besonders bedeutsame Beispiele (*die exempla*), an denen sich grundlegende Erfahrungen und Einsichten gewinnen lassen« (Killermann et al. 2005, 44), ausgewählt. Diese können dann – ein Effekt der durch die Auswahl gewonnenen Lernzeit – einer vertieften Betrachtung unterzogen werden. Da Vertiefung meist auch mit einem höheren Maß an Anschaulichkeit und der Möglichkeit einer gründlichen, handlungs- und problemorientierten und damit meist auch kognitiv aktivierenden inhaltlichen Auseinandersetzung einhergeht, scheint das Prinzip des Exemplarischen auch mit Blick auf Sachunterricht für Schülerinnen und Schüler mit geistiger Behinderung ein geeignetes Auswahlkriterium für Lerninhalte zu sein.

Als exemplarisch kann ein Lerninhalt gelten, wenn er folgende Komponenten aufweist (vgl. grundlegend Wagenschein 1997; Killermann et al. 2005, 45; Berck 1996):

- Das *Elementare*: Er eignet sich zur Erarbeitung grundlegender Erkenntnisse sowie von Grundbegriffen des Faches.
- Er steht beispielhaft für ähnliche Sachverhalte und bringt somit *Allgemeingültiges* zum Ausdruck.
- Er ermöglicht die *Anwendung fachspezifischer Denk-, Handlungs- und Arbeitsweisen*.
- Er zeigt den Bezug des Menschen zur Sache auf – Wagenschein verwendet hierfür den Begriff des *»Fundamentalen«*. Gemeint sind Inhalte, die das Selbstverständnis des Menschen erweitern, verändern oder in Frage stellen (Fragen nach den Grenzen der Erkenntnis, die Stellung des Menschen unter den Lebewesen sowie seine Abhängigkeit bzw. Freiheit und ethische Verpflichtungen).

Lerninhalte sind also im Sinne des Exemplarischen auch danach auszuwählen, ob an ihnen grundlegende Begriffe, Einsichten und typische Methoden erfahrbar und begreifbar werden und dabei die Beziehung vom Einzelfall zum Gesetz zumindest potentiell hergestellt werden kann (z. B. Wirkung von Wärme und Kälte bei Wasser) oder im Sinne des Typischen etwas Anschauliches gelernt wird, das als Typus für ähnliche Erscheinungen gelten kann (die Tulpe als Frühblüher, Aufbau des Apfels für Kernobst). Gleichzeitig stellt sich die Frage, wie eine Ausweitung dieses Konzepts im FgE aussehen könnte? Welche elementaren Konzepte könnten hier als Auswahlraster für lebens- und zukunftsbedeutsame Inhalte entsprechenden Auswahlentscheidungen zugrunde liegen? Dabei spielen u. a. folgende Fragen aus Klafkis »Didaktischer Analyse« (vgl. Klafki 1964) eine wichtige Rolle: Für welchen allgemeinen Sinn- und Sachzusammenhang steht der Inhalt? Was ist die Struktur, was sind die einzelnen Momente dieses Inhalts? An welchem »Besonderen« kann dieser Inhalt exemplarisch verdeutlicht und veranschaulicht werden? Welche formalen entwicklungsbezogenen (Denken, Sprache, Motorik) oder fachbezogenen (fachspezifische Arbeitsweisen der Fächer) Bildungsaspekte werden anhand dieses Inhalts gelernt und geschult?

Verknüpft mit dem Prinzip des Exemplarischen als Verfahren der Inhaltsauswahl ist als Methode das sog. »*Genetische Lernen*«. Dieses meint ein schüleraktives, fragendes, forschendes und letztlich auf Problemlösung angelegtes Lernen, bei welchem Wissen nicht einfach übernommen, sondern selbst aktiv erschlossen wird – im FgE eigentlich ein unverzichtbarer Zugang zu Lerninhalten.

Nicht nur mit dem Begriff des genetischen Lernens wird deutlich, dass Inhalte nicht allein für sich stehen und auch nicht einfach als Fakten und Wissensbestände abgespeichert werden sollen. Vielmehr gilt es, Schülerinnen und Schüler durch geeignete Lernaktivitäten gezielt in die Auseinandersetzung mit diesen Inhalten zu bringen.

4.2 Lernaktivitäten im Sachunterricht

Ich möchte versuchen, mich mit dem Begriff der »Lernaktivität« der Frage nach der Kompetenzorientierung des (Sach-) Unterrichts im FgE anzunähern. Bei aller berechtigten Kritik an diesem Konzept (▶ Kap. 2.3.3) halte ich es für sinnvoll, das, was Schülerinnen und Schüler im Unterricht tatsächlich tun und was damit der Beobachtung zugänglich ist, (wieder) genauer ins Auge zu fassen und Lernzuwachs auch daran zu messen, in welchem Umfang die erwartete oder erwünschte Lernaktivität sichtbar wird. Im Zusammenhang mit dem Sachunterricht im FgE ist hier von *Lernaktivitäten* im Sinne von Kompetenzen auf allen Ebenen des Planungsmodells »Plan-Quadrat« die Rede.

Das Grundverständnis kompetenzorientierten Unterrichts besteht nicht nur in der Vermittlung von Inhalten, der Fokus liegt hier auf den bei Lernenden verfügbaren oder durch sie erlernbaren kognitiven Fähigkeiten und Fertigkeiten, um bestimmte Aufgaben anzugehen und damit zusammenhängende Probleme zu lösen. Kompetenzorientierung weist über das fachliche Wissen hinaus auf das Können und die Nutzung dieses Könnens in neuen (fachlichen und realen) Problemsituationen. Obwohl dies im Grunde für den Unterricht im FgE kein ganz neuer Gedanke scheint, ist damit doch eine Auffassung von Unterricht verknüpft, die hohe Ansprüche an Selbsttätigkeit, Selbstorganisation und schlussfolgerndes, problemlösendes Denken stellt.

Kompetenzen meinen Fähigkeiten und Fertigkeiten, die für das Handeln und Denken in einem Fach zentral sind. Für den Sachunterricht der Grundschule beschreibt der »Perspektivrahmen Sachunterricht« in diesem Sinne sog. perspektivenübergreifende Denk-, Handlungs- und Arbeitsweisen (GDSU 2013, 20 ff.):

- Erkennen/Verstehen
- eigenständig Erarbeiten
- Evaluieren/Reflektieren
- Kommunizieren/Mit anderen Zusammenarbeiten
- Den Sachen interessiert begegnen
- Umsetzen/Handeln.

Diese Aspekte sachunterrichtlichen Lernens, welche unabhängig von einzelnen Fachperspektiven (naturwissenschaftlicher, historischer, geographischer, sozialwissenschaftlicher und technischer Bereich) gelten, werden durch die Formulierung von Kompetenzen in den einzelnen Fachperspektiven konkretisiert. Sie sind prinzipiell auch auf den Sachunterricht im FgE übertragbar und beinhalten eine Fülle von Lernmöglichkeiten. Hier werden sie in etwas modifizierter Anordnung vorgestellt, etwa um zu betonen, wie eng der unterrichtliche Zusammenhang zwischen den Kompetenzen »Erkennen/Verstehen«, »Umsetzen/Handeln« und »Evaluieren/Reflektieren« sein muss, wenn über einen Unterrichtsgegenstand nachgedacht wird, Handlungsoptionen erprobt werden und das Lern-bzw. Handlungsergebnis einer bewertenden Betrachtung unterzogen wird. Außerdem werden sie in diesem Zusammenhang als »*übergeordnete Lernaktivitäten*« bezeichnet.

Die übergeordneten Lernaktivitäten »*Umsetzen/Handeln*« beinhalten die Fähigkeit, Gelerntes für das alltägliche Handeln und die eigene Lebenspraxis zu nutzen, wobei Alltag für Kinder und Jugendliche mit geistiger Behinderung immer auch zu großen Teilen schulischer Alltag ist. Sie werden gefördert durch Vorhaben aller Art von der Handlungseinheit bis zum projektorientierten Unterricht sowie durch Gestaltungsaufgaben aus Problemlagen heraus. Verstehen und zielgerichtetes Handeln hängen dabei eng zusammen und bedingen sich gegenseitig.

Die übergeordneten Lernaktivitäten »*Erkennen/Verstehen*« können durch Aufgaben, in denen Vorerfahrungen aktiviert und verbalisiert werden (vgl. die Aussagen zur Strukturierung und kognitiven Aktivierung) sowie durch möglichst selbstständige Erarbeitungsprozesse (etwa Erkundungen, Handlungsplanung, Versuche, Beobachtungen und deren Dokumentation, Nutzung von Modellen und Modellvorstellungen) gefördert werden. Damit einher geht der Erwerb einschlägiger Methodenkompetenzen, die es ermöglichen, Wissen selbstständig zu erweitern. Erkennen und Verstehen ereignen sich in problemhaltigen Aufgabenstellungen durch die Übertragung vorhandenen Vorwissens in neue Kontexte, durch alle Maßnahmen zur kognitiven Aktivierung (▶ Kap. 3.3) sowie durch Diskussionen unter den Schülerinnen und Schülern.

Die übergeordneten Lernaktivitäten »*Evaluieren/Reflektieren*« meinen das gedankliche Prüfen eigener Denk- und Handlungsweisen sowie derjenigen anderer Menschen. Diese Bewertungen gilt es zu kommunizieren und ihre Grundlagen offenzulegen. Dies kann geschehen durch die Versprachlichung von Vermutungen und Vorerfahrungen vor der Erarbeitung neuer Sachverhalte sowie deren Überprüfung nach Abschluss des Lernprozesses. Die Schülerinnen und Schüler reflektieren in Unterrichtsphasen, in denen Arbeitshaltung, -leistung und -produkte einer Bewertung unterzogen werden (Habe ich leise gearbeitet? Wie schmeckt das gemeinsam zubereitete Gericht? Funktioniert unser Modell? Waren die gewählten Lernwege hilfreich oder erfolgreich, welche Lernerfahrungen wurden gemacht, konnten eigene Stärken, aber auch Schwächen festgestellt werden?). Sie überlegen, wie neu Gelerntes das bisher Bekannte beeinflusst, verändert und in einem neuen Licht erscheinen lässt.

Die übergeordnete Lernaktivität »*Eigenständig Erarbeiten*« kann im Sachunterricht durch Aufgaben und Fragestellungen, die mit Hilfe bereitgestellter Informationsmaterialien bearbeitet bzw. beantwortet werden (vgl. etwa das Konzept der »Infokarten« als eine Form des Nachschlagens – Häußler 2016, sowie ▶ Kap. 5.5.2) zum Tragen kommen, ebenso durch die Planung kleiner Vorhaben, bei der etwa notwendige Arbeitsschritte festgelegt werden (z. B. im Rahmen einer Handlungseinheit – ▶ Kap. 5.3.3) oder durch die Protokollierung der Arbeitsergebnisse an der Tafel, auf einem Plakat oder Arbeitsblatt mit Schrift oder Symbolen.

Die übergeordneten Lernaktivitäten »*Kommunizieren/Zusammenarbeiten*« ereignen sich in Partner- und Gruppenarbeiten, in denen gemeinsames Arbeiten Verständigung und evtl. Aufgabenteilung notwendig macht (vgl. zu den Sozialformen des Unterrichts Häußler 2015, 147 ff.). Sie werden gefördert und gefordert durch die bewusste Verwendung von Sprache im Unterricht durch Lehrende und Lernende gleichermaßen (vgl. hierzu Häußler 2015, 132 ff.), durch Rollenspiele, in denen soziale Sachverhalte und Problemsituationen szenisch dargestellt und aufgearbeitet werden können (vgl. Häußler 2015, 240 ff. sowie ▶ Kap. 5.4 in diesem Buch) oder durch die Präsentation von Arbeitsergebnissen vor der Klasse.

Die übergeordnete Lernaktivität »*Den Sachen interessiert begegnen*« – eigentlich eine Grundhaltung gegenüber der Welt und ihren vielfältigen Erscheinungen – kann durch faszinierende Inhalte (der Sachunterricht bietet hierfür vielfältige Möglichkeiten), offene und problemhaltige Aufgaben, welche die Schülerinnen und Schüler zur Stellungnahme herausfordern sowie durch Referate vor den Mitschülern über das eigene Interessengebiet und »Lieblingsthema« gefördert werden.

Es zeigt sich, dass diese Lernaktivitäten im Sachunterricht für Schülerinnen und Schüler mit geistiger Behinderung grundlegend sind und der gezielten und systematischen Förderung bedürfen. Gerade für umfassend beeinträchtigte Kinder und Jugendliche reichen sie jedoch nicht aus und bedürfen der Ergänzung. In Bezug auf sie sind folgende zusätzliche übergeordnete Lernaktivitäten zu nennen, welche sich vorrangig auf den basalen Bereich des Planquadrats beziehen und etwa im bayerischen LehrplanPlus für den FgE im Kompetenzstrukturmodell des Faches »Grundlegender entwicklungsbezogener Unterricht – GeU« aufgeführt sind:

Die Lernaktivität »*Erleben*« (LPPlus Bayern: Wahrnehmen) beinhaltet die Fähigkeit, sich für Eindrücke zu öffnen und die Aufmerksamkeit auf Reize/ Wahrnehmungsangebote zu richten.

Die Lernaktivität »*Gestalten*« (LPPlus Bayern: Erproben/Integrieren) beinhaltet die Fähigkeit, Handlungsmuster zu entwickeln, zu erproben, zu verbessern, zu automatisieren und zu erweitern sowie neue Handlungsmuster in bestehende Strukturen zu integrieren.

Lernaktivitäten im Sinne von Kompetenzen sind jedoch kein Selbstzweck, sondern immer auch im Zusammenhang mit Inhalten zu sehen. So bezieht sich *Sachkompetenz* auf die zentralen Inhalte des jeweiligen Faches. Sachkompetenz beinhaltet das Erfassen und Erkennen von Sachverhalten, Regeln und Begriffen, das Verstehen von Argumenten und Erklärungen, die korrekte Verwendung von Fachsprache und spezifischen Darstellungen, das Bewerten von Zusammenhängen und das Übertragen und Anwenden von bekannten Fakten, Regeln und Begriffen. Hierbei steht die Befähigung zur Bewältigung von Aufgaben, d. h. das Nutzen und Kombinieren der Kenntnisse und Fähigkeiten, im Zentrum. Inhalte sind also nach wie vor wichtig. Entscheidend ist, dass sie so ausgewählt werden, dass an ihnen exemplarische Sachverhalte deutlich werden und dass sie in Bezug zu Kompetenzen gesetzt werden. Diese Bezüge werden im Rahmen des Plan-Quadrats hergestellt, wenn Lerninhalte und die dazu gehörigen Lernaktivitäten in einen Zusammenhang gebracht werden.

5

Die Konzeption des Plan-Quadrats für den Sachunterricht im FgE

5.1 Das Plan-Quadrat – Grundgedanken eines Planungsmodells

5.1.1 Die Ebenen des Plan-Quadrats

Aus den bisherigen Überlegungen wird deutlich: Lernangebote des Sachunterrichts müssen sich auf das beziehen, was Schülerinnen und Schüler mit geistiger Behinderung an Lernvoraussetzungen mitbringen, was sie über eine Sache wissen bzw. welche Vorstellungen und Präkonzepte sie dazu haben.

> »Der Bezug auf das, was Lernende bereits können, was sie erfahren haben, was sie beschäftigt, ist somit notwendige Voraussetzung für einen Wissenserwerb, der von Verstehen begleitet ist und zu dauerhaft verfügbarem und anwendbarem Wissen führen soll« (Kahlert & Heimlich 2012, 176).

5.1 Das Plan-Quadrat – Grundgedanken eines Planungsmodells

Dem lebensweltlich geprägten Vorwissen steht das geordnete Wissen der Fächer gegenüber, welches dabei hilft, die in der Alltagswelt gemachten Erfahrungen zu durchgliedern.

In dieser Polarität ist das Plan-Quadrat aufgespannt, das als Planungsmodell für den Sachunterricht für Schülerinnen und Schüler mit geistiger Behinderung konzipiert ist.

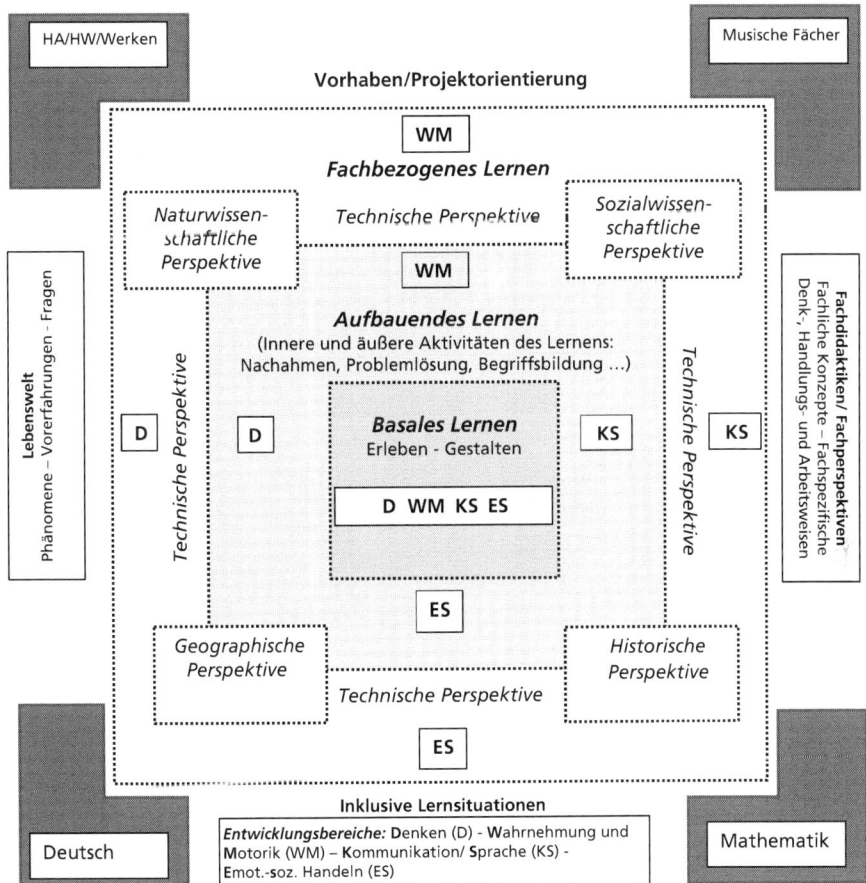

Abb. 5.1: Das Plan-Quadrat im Sachunterricht im Förderschwerpunkt geistige Entwicklung

Das Plan-Quadrat besteht aus drei ineinander eingebetteten Ebenen mit zahlreichen Übergängen und versteht sich nicht als streng hierarchisches Gebilde, sondern als atmende Struktur, die in erster Linie Ideen für einen

Sachunterricht auf verschiedenen Anspruchs- und Abstraktionsniveaus generieren kann. *Ein zentraler Gedanke dieses Modells ist es, bei der Unterrichtsplanung für eine Klasse die einzelnen Ebenen nicht isoliert für sich zu betrachten, sondern Verbindungslinien zwischen ihnen herauszuarbeiten.* Keinesfalls ist es so, dass Angebote für bestimmte Schülergruppen nur auf einer Ebene identifiziert werden können. Vielmehr greifen in der Regel Inhalte aus verschiedenen Planungsebenen ineinander. Dennoch gibt es natürlich Schwerpunktsetzungen auf den unterschiedlichen Lernniveaus (vgl. als Beispiel die Sequenzplanung in ▶ Kap. 6).

Auf der Ebene des basalen Lernens sind v.a. Kinder und Jugendliche mit schwerer bzw. schwerster Intelligenzminderung angesprochen. Inhaltsauswahl und Gestaltung des Unterrichts orientieren sich an der von Pfeffer beschriebenen Grundaufgabe »Erleben und Gestalten der dinglichen Welt« von Unterricht für Menschen mit schwerer geistiger Behinderung (Pfeffer 1988, 210 ff.) sowie der »Basalen Aktivierung« nach Breitinger & Fischer (1981). Die dingliche Welt wird dabei zunächst aus der Perspektive der Schülerinnen und Schüler gesehen und angegangen, Erleben und Gestalten werden in diesem Zusammenhang als die zentralen Lerntätigkeiten beschrieben, wobei die grundlegenden Entwicklungsbereiche der Kognition, der Wahrnehmung und Motorik, von Kommunikation und Sprache sowie des Emotional-Sozialen groß geschrieben werden (wie auch in ▶ Abb. 5.1 im buchstäblichen Sinne). Diese Lerntätigkeiten vollziehen sich dabei aber nach Möglichkeit an jenen Gegenständen und Inhalten, die auch im Klassenverband in fachlichen Zugangsweisen in den Blick genommen werden, so dass hier häufig eine direkte Verbindungslinie von der basalen zur fachbezogenen Ebene des Planungsmodells gezogen werden kann. Auch in umgekehrter Richtung ist dies möglich. Das Unterrichtsbeispiel in ▶ Kap. 5.2.2 zeigt etwa, wie sich Schülerinnen und Schüler mit schwerer geistiger Behinderung auf der basalen Ebene mit dem Lerngegenstand »Wasser« auseinandersetzen. Dieser kann aber für die übrige Klasse auf der fachbezogenen Ebene auch unter physikalischem oder chemischem Aspekt (Was schwimmt, was sinkt? Welche Stoffe lösen sich in Wasser auf?) angeboten werden.

Mit dem Begriff *Aufbauendes Lernen* sind Lehr- und Lernformen gemeint, die v. a. Lernprozesse und -aktivitäten in den Mittelpunkt stellen, welche die Grundlage für das Weiterlernen in den verschiedenen Fachperspektiven bilden. Zentral ist hier der Begriff der Handlung, wie er u. a. von Aebli (1987) in didaktischer Hinsicht aufbereitet wurde, aber auch das Erkunden und damit die Bildung elementarer Begriffe. »Handeln lernen« ist ein wichtiges Ziel in diesem Zusammenhang – sei es durch das Nachahmen von Handlungsfolgen oder das zielgerichtete, vorausschauende und problemlösende Planen eines

Handlungsablaufs. Lebenspraktisch akzentuierte Lerninhalte im Rahmen des Sachunterrichts haben ihren Schwerpunkt auf dieser Planungsebene. Man könnte hier Parallelen zum »Grundlegenden Lernen« im Sachunterricht der Grundschule sehen (vgl. Marquard-Mau & Schreier 1998). Da ich das grundlegende Lernen im FgE eher im hier beschriebenen Bereich des basalen Lernens sehe und auch um keine terminologischen Überschneidungen zu riskieren, habe ich den Begriff des »Aufbauenden Lernens« gewählt. Auch hier verhält es sich so, dass die entsprechenden Lernprozesse sich an Gegenständen vollziehen, die im Rahmen einer klassenbezogenen Planung auch in fachlichen bzw. fachdidaktischen Zusammenhängen relevant sind.

Fachbezogenes Lernen schließlich meint keinesfalls einen Fachunterricht, wie er aus Mittel-, Realschule oder Gymnasium bekannt ist. Es sind vielmehr die Fachperspektiven des Sachunterrichts, welche mit spezifischen Konzepten sowie Denk-, Handlungs- und Arbeitsweisen Anhaltspunkte für die Unterrichtsplanung liefern. Beispiele für Vernetzungen der Fachperspektiven aus dem Bereich des Sachunterrichts der Grundschule sind etwa das »Perspektivenschema Sachunterricht« (GDSU 2013) sowie die »Didaktischen Netze« nach Kahlert (vgl. Kahlert 2016). In Kahlerts Planungsmodell sind dabei die Alltagserfahrungen der Kinder, welche als »lebensweltliche Dimensionen« in einem Spannungsverhältnis zu den Perspektiven der (Schul-) Fächer stehen, Ausgangspunkt des Lernens. Typischen Kinderfragen (»Woher kommt der Regen?«) entsprechen fachliche Zugangs- und Erklärungsweisen, z. B. was verschiedene Aggregatzustände von Stoffen angeht. Die Orientierung an den Erfahrungen und Fragen der Schülerinnen und Schüler zu den Phänomenen ihrer Lebenswelt verhindert die Reproduktion inhaltsleerer Worthülsen im Unterricht, während umgekehrt die Ausrichtung an den Begriffen und Arbeitsweisen der Fächer bzw. der Fachperspektiven diese Erfahrungen in systematischer Weise ordnet und ausweitet (▶ Kap. 2.1.2).

Es zeigt sich allerdings, dass für den FgE auch im Zusammenhang mit den Fachperspektiven grundlegende entwicklungsbezogene und lebenspraktische Aspekte mitgedacht werden müssen, da sie für die Lebensbewältigung von Kindern und Jugendlichen mit geistiger Behinderung eine wichtige Rolle spielen. Auch hier wird wieder der o. g. Grundgedanke des Plan-Quadrats deutlich: Die Ebenen des Plan-Quadrats können sich in sinnvoller Weise ergänzen, wenn etwa die Planung des Handlungsablaufs des Einpflanzens von Ablegern (Handlungsplanung – Ebene des aufbauenden Lernens) ergänzt wird durch die Auseinandersetzung mit der Vermehrung von Pflanzen auf der Ebene des fachbezogenen Lernens und damit einem grundlegenden Konzept der Biologie (vgl. Häußler 2015b). Begleitend spielen dabei basale sensorische Erfahrungen für *alle* Schülerinnen und Schüler eine wichtige Rolle. Hier zeigt sich einmal mehr, dass der einzelne Schüler, die einzelne Schülerin sich nicht nur auf einer Ebene des Planquadrats bewegt, sondern stets Aspekte aus allen Ebenen für ihn oder sie bedeutsam sein können.

Bei den beiden inneren Segmenten fallen Inhalt und Lernaktivität weitgehend zusammen: Die Lernaktivität, also die sensorische Auseinandersetzung mit einem Objekt oder die Planung einer Handlung, ist auch in erster Linie eigenständiger Bildungsinhalt und wird zum eigentlichen Lerngegenstand, noch vor dem Lern-Objekt selbst. Die dritte Ebene (Fachperspektive) hat i. W. drei Funktionen: Sie bildet Phänomene der Lebenswirklichkeit der Schülerinnen und Schüler ab, bündelt Denk- und Arbeitsweisen sowie zentrale Inhalte und Konzepte der Fächer (▶ Tab. 5.1) und ist damit ggf. die Scharnierstelle für inklusive Lernsituationen.

Durch die enge Verzahnung der drei Ebenen werden jeweils aktuell bedeutsame Themen der Lebenspraxis und Selbstversorgung mit fachlichen Inhalten verknüpft, ebenso können Lern- und Förderaspekte aus einzelnen Entwicklungsbereichen (Motorik und Wahrnehmung, Denken, Sprache, Emotional-Soziale Entwicklung) auf allen Planungsstufen aufgegriffen und in sinnhafte Lernsituationen eingebunden werden.

Im Entwicklungsbereich *Wahrnehmung und Motorik* stehen zunächst Prozesse der Wahrnehmung im Zentrum, die über verschiedene Sinneskanäle zur zunehmenden Abstraktion der Anschauungsobjekte bis hin zu Fotos, Bildern und Modellen führen sollen. Entsprechende (fein-)motorische Anteile sind bei der Ausführung von Handlungen sowie beim Hantieren mit Objekten und Stoffen (etwa im Rahmen eines Experiments) nötig und werden in diesem Rahmen gefördert. Hierzu gehören letztlich auch so wichtige Methodenkompetenzen wie Kleben, Schneiden oder Schreiben, die bei der Bearbeitung von Arbeitsblättern oder der Erstellung von Lernplakaten benötigt werden.

Denken wird gefördert, indem in unterschiedlichem Umfang letztlich immer wieder darauf abgezielt wird, dass Schülerinnen und Schüler ihre Lernprozesse so weit als möglich selbstständig organisieren, bekannte Handlungsabläufe und Wissensstrukturen auf Neues anwenden, Sachverhalte durchdringen und sich Kategorien des Denkens (Begriffe) erschließen. Lerninhalte sollten so präsentiert werden, dass ihr Potential zur kognitiven Aktivierung genutzt wird.

Von großer Bedeutung ist der Bereich der *Kommunikation und Sprache*. Sachunterricht dient in hohem Maße der Sprachförderung in einem umfassenden Sinne (Lautsprache und Formen der Unterstützten Kommunikation). Sprache in ihrer medialen Funktion stellt durch das handlungsbegleitende Sprechen die Verbindung von Handeln und Denken dar, eine Daueraufgabe gerade im Sachunterricht für Schülerinnen und Schüler mit geistiger

5.1 Das Plan-Quadrat – Grundgedanken eines Planungsmodells

Tab. 5.1: Übersicht über Lernaktivitäten und inhaltliche Konzepte

Ebene	Übergeordnete Lernaktivitäten	(Spezifische/Perspektivenbezogene) Lernaktivitäten	Inhalte/Konzepte
Basales Lernen	Erleben Gestalten		
Aufbauendes Lernen	Umsetzen/Handeln Erkennen/Verstehen Evaluieren/Reflektieren Eigenständig erarbeiten Kommunizieren/Zusammenarbeiten Den Sachen interessiert begegnen	Handeln/Nachahmen Handeln/Probleme lösen Erkunden	Handlung Begriff
Fachbezogenes Lernen - Sozialwiss. Perspektive	Umsetzen/Handeln	Zuordnen/Vergleichen Eigenständig/Selbstständig Handeln Darstellen Reflektieren Argumentieren	Selbst Situation Politik Öffentliches Leben/Infrastruktur
Fachbezogenes Lernen - Naturwiss. Perspektive	Erkennen/Verstehen Evaluieren/Reflektieren	Erkunden (Betrachten, Beobachten, Untersuchen, Experimentieren) Halten, Pflegen, Nutzen Nachschlagen	Belebte/unbelebte Natur (Leben, Energie Erhaltung, Wechselwirkung)
Fachbezogenes Lernen - Geographische Perspektive	Eigenständig erarbeiten	Wahrnehmen Erkunden Darstellen Sich orientieren Reflektiert handeln	Raum
Fachbezogenes Lernen - Historische Perspektive	Kommunizieren/Zusammenarbeiten	Sich orientieren Vergleichen Fragen Einordnen	Zeit Wandel/Veränderung
Fachbezogenes Lernen - Technische Perspektive	Den Sachen interessiert begegnen	Erkunden Nutzen Reflektieren/Bewerten	Gerät/Werkzeug/Medien

Behinderung. Weiterhin geht es um den Aufbau eines Begriffsrepertoires im Rahmen der Alltagssprache, aber auch um eine Annäherung an Fach- und Bildungssprache, wenn gelernt wird, dass es für manche Dinge und Sachverhalte spezifische Bezeichnungen und Fachbegriffe gibt (vgl. hierzu Häußler 2015, 132 ff.).

Lernen ereignet sich im Sachunterricht auch immer unter *emotional-sozialem* Aspekt. Lerngegenstände sollen Neugier und Faszination wecken und die Auseinandersetzung mit ihnen die Entwicklung der eigenen Persönlichkeit bereichern. In sozialer Hinsicht erlernen die Schülerinnen und Schüler im gemeinsamen Arbeiten an einem Lerngegenstand vielerlei Kompetenzen, etwa im Rahmen von Partner- und Gruppenarbeiten (vgl. Häußler 2015, 147 ff.). Hier besteht ein enger Bezug zu kommunikativen Kompetenzen.

Zu jedem Segment des Plan-Quadrats gehören spezifische Artikulationsmodelle, die beispielhaft dargestellt werden. Im inneren Segment wird das Modell der »Basalen Lernaktivitäten« skizziert, im Segment »Aufbauendes Lernen« sind es methodische Modelle wie Lehrgang, Handlungseinheit und Objekterkundung. Bezogen auf das fachbezogene Lernen werden je nach Fachperspektive spezifische Unterrichtsmodelle und fachspezifische Arbeitsweisen aufgeführt: Für den naturwissenschaftlichen Bereich etwa die Formen des Erkundens sowie des Haltens und Pflegens, für den Bereich Geographie mit seinen Grundkonzepten Raum und Mobilität u. a. der Unterrichtsgang, aber auch die Kartenarbeit, im sozialwissenschaftlichen Bereich die Darstellungseinheit zur Aufarbeitung sozialer Situationen usf. (vgl. hierzu im Detail auch Häußler 2015).

Obwohl das Modell des Plan-Quadrats sicherlich Ähnlichkeiten mit dem Konzept der didaktischen bzw. inklusionsdidaktischen Netze nach Kahlert aufweist (vgl. Kahlert 2016, 236), besteht ein Unterschied doch darin, dass hier Unterricht von Kindern und Jugendlichen mit geistiger Behinderung und ihren spezifischen Lernbedürfnissen her gedacht wird. Entsprechend stehen basale Formen des Lernens und grundlegende Entwicklungsbereiche im Zentrum des Modells und nicht – eher additiv – am Rand. Ebenfalls zentral sind lebenspraktische Inhalte, die in Kahlerts Modell, welches sich auf den Sachunterricht in der Grundschule bezieht, kaum Erwähnung finden. Dieser Hinweis ist nicht als Kritik gemeint – es zeigt sich aber, dass es die Aufgabe von Sonderpädagoginnen und Sonderpädagogen ist, neben den Möglichkeiten gemeinsamen Lernens die spezifischen Lernbedürfnisse »ihrer« Schülerschaft immer wieder hervorzuheben – auch und gerade in inklusiven Kontexten.

5.1.2 Das Plan-Quadrat als Planungsinstrument

Das Plan-Quadrat versteht sich in erster Linie als Modell für eine mittelfristige Unterrichtsplanung (vgl. Forster 2004) des Sachunterrichts im Sinne eines Vorhabens (vgl. Häußler 2015, 85; ▸ Kap. 6 in diesem Buch). »Mittelfristig« kann dabei einen Zeitraum zwischen einer Woche und drei Monaten meinen, was dann schon einer Trimesterplanung entspräche.

Im Gegensatz zur längerfristigen Planung in Form eines Jahresplans oder eines (womöglich sogar spiralartig aufgebauten) schuleigenen Lehrplans legt die mittelfristige Planung Inhalte, Lernschritte und Unterrichtseinheiten, Ziele und anzustrebende Kompetenzen auf den verschiedenen Ebenen des Plan-Quadrats relativ differenziert und eindeutig fest. Aus ihr lässt sich somit rasch die Wochenplanung und sogar die Planung der einzelnen Unterrichtsstunde ableiten.

Als theoretisches Modell ist das Plan-Quadrat dabei ebenfalls von mittlerer Reichweite. Es will als eine Form von »Alltagsdidaktik« (vgl. hierzu und zur Kritik an Formen der »Feiertagsdidaktik« Meyer 2003, 165 ff.) didaktische Theorie und unterrichtliche Praxis verknüpfen. Damit ist es ein Werkzeug der Unterrichtsplanung, welches die Lehrkraft auch zu eigener Theoriebildung und zur Schaffung »theoretischer Äquivalente« (Heimann, zit. n. Peterßen 1983, 41) angesichts der Komplexität didaktischer Fragestellungen ermutigen soll. Nicht für jede didaktische Situation, für jedes didaktische Problem gibt es die passende Lösung in der Literatur (auch wenn gerade Berufsanfänger sich dies oft wünschen). Bezogen auf den Sachunterricht im FgE sind die Wurzeln dieser Komplexität die Heterogenität der Schülerschaft sowie die Vielfalt der möglichen Lerninhalte. Keine Klasse ist wie die andere, und Lehrkräfte sehen sich immer wieder von Neuem dazu herausgefordert, Inhalte auszuwählen, Ziele zu setzen und passgenaue Methoden zu finden. Für diese Entscheidungsprozesse kann das Plan-Quadrat einen Rahmen abgeben, aber keine Vorgaben bis ins letzte Detail liefern.

5.1.3 Innere Differenzierung in Bezug auf die Planungsebenen

Durch seine drei aufeinander bezogenen Planungsebenen ist das Plan-Quadrat an sich schon ein Modell differenzierter Unterrichtsplanung. Das bedeutet jedoch nicht, dass Schülerinnen und Schüler sich jeweils getrennt voneinander, also in äußerer Differenzierung, mit unterschiedlichen Lerngegenständen bzw. unterschiedlichen Aspekten einer Thematik auseinanderzusetzen hätten. Innere Differenzierung meint vielmehr »alle jene Differenzierungsformen, die innerhalb einer gemeinsam unterrichteten Klasse oder Lerngruppe vorgenommen werden, im Unterschied zu allen Formen äußerer Differenzierung, in der Schülerpopulationen nach irgendwelchen Gliederungs- oder Auswahlkriterien ... in Gruppen aufgeteilt werden, die räumlich getrennt und von verschiedenen Personen bzw. zu verschiedenen Zeiten unterrichtet werden« (Klafki & Stöcker 1991, 173).

Am Beispiel des methodischen Modells der Handlungseinheit (▶ Kap. 5.3.3) lassen sich Anknüpfungspunkte für Maßnahmen der inneren Differenzierung zeigen, die eng aufeinander bezogen sind.

Schülerinnen und Schüler mit schwerer geistiger Behinderung lernen auf der sinnlich-wahrnehmenden Aneignungsebene durch Erleben und Gestalten. Hierzu ist es vermutlich nötig, sie auf der Basis eines individuellen Förderplans (▶ Kap. 6.2) in einzelnen Unterrichtsphasen zeitweise unabhängig vom Rest der Klasse zu fördern (etwa durch eine von der Sonderpädagogin instruierte Zweitkraft in einem hoffentlich vorhandenen Nebenraum).

Konkret-handelnd lernen Schülerinnen und Schüler durch Nachahmung der Handlungsfolge oder eigenständiges Planen und Realisieren des Vorgehens (Ebene des aufbauenden Lernens). Hier erfolgt auch stets eine Verknüpfung mit der sprachlich-symbolischen Ebene durch Begriffsbelegung und konsequente Versprachlichung von Sachverhalten.

Fachliche Zusammenhänge können von leistungsstarken Schülerinnen und Schülern mit dem entsprechenden Abstraktionsvermögen (und evtl. zusätzlicher ausreichender Lesekompetenz für die Erschließung eines Sachtextes zum Thema) auf der Basis der zuvor gemachten Handlungserfahrung zusätzlich erarbeitet, begründet und in den Unterricht eingebracht werden. Damit besteht für diese die innere Differenzierung nicht nur in einem höheren Abstraktions- und Komplexitätsgrad des Lerninhalts, sondern ebenso in einem größeren Stoffumfang. Dies bedeutet, dass gleichzeitig eine Differenzierung hinsichtlich des Übungsbedarfs vorgenommen werden kann: Während die einen zur Vertiefung des Inhalts fortschreiten, üben die anderen weiterhin z. B. motorische Aspekte des Handlungsvollzugs.

Ein weiterer wichtiger Differenzierungsaspekt ist der Grad der Selbstständigkeit der Schülerinnen und Schüler. Wie viel Hilfe benötigen sie, inwieweit können sie selbstständig eine Aufgabe bearbeiten bzw. den Inhalt weiter vertiefen?

Eng mit all diesen Fragen hängt die Entscheidung darüber zusammen, welche Formen der Veranschaulichung angeboten werden können und ob dies in differenzierter Form geschehen muss.

Diese Überlegungen lassen sich auch auf andere Unterrichtsvorhaben anwenden: Bei einem Experiment etwa (▶ Kap. 5.5.2) kann eine Differenzierungsgruppe dem untersuchten Objekt auf der sinnlich-wahrnehmenden Ebene begegnen, eine weitere das Phänomen erproben (Welche der vorgegebenen Gegenstände gehen im Wasser unter, welche schwimmen?) und eine dritte die Einsicht gewinnen, dass es unter Umständen auch von der Form eines Gegenstandes abhängt, ob dieser schwimmt.

5.2 Die Ebene des basalen Lernens

5.2.1 Lernaktivitäten: Erleben und Gestalten

Die Lernangebote auf der Ebene des basalen Lernens richten sich in erster Linie an Schülerinnen und Schüler mit schwerer Intelligenzminderung. Diese erfahren die Welt über ihren Körper, über ihre Sinne und das Hantieren mit Gegenständen ihrer Alltagswelt, welche sie buchstäblich begreifen. Lernen geschieht über basale manipulative und gegenständliche Aktivität. Die ureigenen Weltsichten und Zugänge der Kinder und Jugendlichen spielen dabei eine entscheidende Rolle, sie müssen von der Lehrperson ausfindig gemacht und als »Brücke« zwischen Schüler und einer sich allmählich erweiternden Welt genutzt werden.

Dabei sind die entsprechenden Lernsituationen oft eher durch Unstetigkeit, denn durch planmäßiges Fortschreiten, eher durch Mühe oder Warten-Müssen gekennzeichnet, denn durch spektakuläre oder auch nur erwartbare und planbare Lernerfolge. Ein großes, bislang nur unzureichend geklärtes Problem ist dabei die Auswahl altersgemäßer Lerninhalte und Lernwege, insbesondere bei älteren Schülerinnen und Schülern (vgl. Lamers 2017).

Im Vordergrund stehen bei den folgenden didaktisch-methodischen Überlegungen die Lernaktivitäten des Erlebens und Gestaltens (vgl. Pfeffer 1988, 210 ff.; Theilen 1996). Pfeffer nennt als »Aufgaben und Wege der Förderung schwer geistig behinderter Kinder und Jugendlicher« (1988, 141 ff.) die Förderung der Kommunikation, das Erleben und Gestalten dinglicher Welt sowie Entwicklung des Selbst. Diese stehen in engem Zusammenhang zueinander. Dem Sachunterricht, wie er in der Konzeption des Plan-Quadrats entfaltet wird, entspricht dabei v. a. der Bereich des Erlebens und Gestaltens dinglicher Welt, auch wenn sich permanent Bezüge zur Entwicklung des Selbst und der Kommunikation (im Zusammenhang mit der sozialwissenschaftlichen Fachperspektive) ergeben. Eigentlich hätten diese als Aspekte des Sachunterrichts mit aufgenommen werden können. Ich denke jedoch, dass beide so grundlegend sind, dass sie im Rahmen der Förderung von Schülerinnen und Schülern mit schwerer Behinderung als eigenständige, letztlich fächerübergreifende Aufgaben angesehen werden müssen.

Im Erleben und Gestalten wendet sich der Mensch – so Pfeffer – der dinglichen Welt sinnstiftend zu.

> »Der Mensch lebt unabdingbar im Bezug zur natürlichen und vom Menschen gestalteten (kulturellen) Welt. Vor jeder Intention ist er durch seine leibliche Existenz auf die Welt hingeordnet, für deren Berührung er empfänglich ist« (Pfeffer 1988, 210).

Erleben ist dabei nicht Passivität, sein aktiver Anteil besteht darin, dass der Erlebende die Ursache eines Geschehens in einem Zurechnungsprozess der ihn umgebenden Welt zuschreibt. Gestalten wird in diesem Zusammenhang im Hinblick auf die absichtsvollen Handlungen des Menschen und deren Auswirkungen auf die Welt gesehen. Erlebt werden Material, Farben, Klänge, Räume und Gegenstände, wobei dies v. a. auf der Ebene des sinnlich-wahrnehmenden Lernens geschieht (▶ Kap. 4.1.2). Über den eigenen Leib baut der Lernende einen Bezug zur dinglichen Welt auf und entwickelt Interesse an seiner Umwelt und der Auseinandersetzung an ihr. Körpernahe Angebote in Verbindung mit Materialien und Objekten vermitteln Erfahrungen über den eigenen Körper wie über das Objekt gleichermaßen und »ermöglichen somit die Unterscheidung von Selbst und Nicht-Selbst. Indem der Schüler das körpernahe Anbieten von Material zulässt und seine Vorlieben und Abneigungen zeigt, tritt er darüber hinaus in Bezug zur Lehrkraft, beide kommunizieren miteinander« (Theilen 1996, 12).

Beim Gestalten, der tätigen Auseinandersetzung mit der dinglichen Welt, spielt der Gebrauch der Hände eine wichtige Rolle. Die Entwicklung der Handmotorik kann dabei Anhaltspunkte für die Auswahl und Gestaltung von Lernangeboten geben. Der Handlungsspielraum des Schülers erweitert sich durch die Ausdehnung der Aktivitäten auf den ganzen Körper und seine Bewegungs- und Fortbewegungsfunktionen. Hier zeigt sich auch, wie wichtig entwicklungspsychologische Kenntnisse für didaktisch-methodische Entscheidung auf der Ebene des basalen Lernens sind.

Als Lernaktivitäten lassen sich Erleben und Gestalten dabei im weitesten Sinn in einen Zusammenhang mit kompetenzorientierten Sichtweisen von Unterricht bringen – auch hier geht es ja um operationalisierbares Verhalten, um ein beschreibbares Tun, wenn auch nicht im Hinblick auf einen erwartbaren und einzufordernden »Output«. Im LehrplanPlus für den FgE in Bayern (vgl. Staatsinstitut 2019) finden sich im Fach »Grundlegender entwicklungsbezogener Unterricht« für die Lernaktivitäten des Erlebens und Gestaltens die Formulierungen »wahrnehmen, erleben, erfahren« für den Aspekt des

Erlebens sowie vielfältige Operatoren wie »nutzen, greifen, koordinieren, ausdifferenzieren« für das Gestalten.

Tab. 5.2: Aspekte des Erlebens und Gestaltens im Sachunterricht (nach W. Pfeffer)

Erleben	Gestalten
... geschieht unmittelbar, als subjektive Erfahrung.	... meint das Einwirken auf die Welt durch Reaktionen, Handeln, Kommunizieren.
... ist auch Aktivität.	... bedeutet, etwas zu bewirken, sich als Verursacher zu erleben.
... ist sinnvoll vor jeder Reflexion.	... schafft Veränderung und Neues.
... beinhaltet das Erleben des eigenen Körpers, der dinglichen und menschlichen Welt.	... gibt den Dingen im Umgang mit ihnen Bedeutung oder übernimmt eine kulturell vorgeformte Bedeutung.
... meint das Sich-beeindrucken-Lassen durch die Welt.	... ermöglicht über ein »gemeinsames Drittes« die Beziehungsaufnahme und Kommunikation.
... begründet das individuelle Verhältnis zur Welt.	
... begründet die Unterscheidung von Selbst und Nicht-Selbst.	

Für die Lehrkraft gilt es, einen begründeten ersten Schritt zu tun und anschließend zu beobachten, welche Wirkungen ihr Angebot zeigt, wie die angesprochenen Schülerinnen und Schüler dieses annehmen und in ihre Welt integrieren. Hieran anknüpfend können weitere Schritte geplant und erprobt werden.

5.2.2 Methodisches Modell: Basale Lernaktivitäten

Die Lernaktivitäten Erleben und Gestalten stellen die Bausteine eines methodischen Modells für den Sachunterricht dar. Es fließen Überlegungen zur Basalen Aktivierung (Breitinger/Fischer 1981) mit ein, insbesondere was die genauere methodische Ausgestaltung betrifft. Sowohl methodisch als auch inhaltlich kann das Modell der Basalen Lernaktivitäten damit als Rahmen für ein »Kombiniertes Konzept« (vgl. Dank 1993; 1996) im Unterricht mit schwer beeinträchtigten Schülern dienen, in welchen Elemente aus verschiedenen theoretischen Modellen eingepasst werden.

An einem von Ulrike Theilen (1996, 28 f.) vorgestellten und von mir modifizierten Lernvorhaben sei dies aufgezeigt. Der thematische Bezug ist »Wasser« (von hier aus sind zahlreiche Bezüge zu den beiden anderen Ebenen des Plan-Quadrats möglich), die Dachrinne kanalisiert im wahrsten Sinne des Wortes die Auseinandersetzung mit dem faszinierenden Element. Das Vorhaben ist in mehrere Lernschritte gegliedert, welche unterschiedliche Formen der Auseinandersetzung mit dem Lerngegenstand beinhalten, die sich als spezifische Lernaktivitäten beschreiben lassen. Jeder Lernschritt ermöglicht Aktivitäten des Erlebens und des Gestaltens gleichermaßen. Dabei lassen sich unterschiedliche Schwerpunkte setzen, im Bereich des Gestaltens etwa könnte das Augenmerk der Lehrkraft entweder auf der Förderung handmotorischer Fertigkeiten oder auf sensomotorischen Handlungen liegen.

Je nach Entwicklungsstand und individuellen Lernbedürfnissen lässt sich das Modell in unterschiedlichster Weise realisieren:

- Es kann für einzelne Schülerinnen und Schüler, aber auch für Lerngruppen angewandt werden.
- Es kann als Differenzierungsangebot für Schülerinnen und Schüler mit schwerer Behinderung ein fachorientiertes Lernvorhaben zum Thema »Wasser« begleiten, in dem z.B. die Klasse sich mit Eigenschaften, Aggregatszuständen des Wassers oder dessen Alltagsbedeutung für den Menschen auseinandersetzt.
- Es kann als eine Unterrichtseinheit betrachtet werden, in der die Lernschritte sukzessive aufeinander folgen.
- Es lässt sich als Sequenz in mehrere Unterrichtseinheiten aufteilen.
- Verschiedene Schülerinnen und Schüler können gleichzeitig auf den unterschiedlichen Lernniveaus tätig sein.

Tab. 5.3: Methodisches Modell Basale Lernaktivitäten

Lernvorhaben:	Wir gießen Wasser in eine Dachrinne (in Anlehnung an Theilen 1996, 28 f.)

Lernaktivitäten:

Erleben
Sensomotorische Kompetenzen (Reize wahrnehmen und die Aufmerksamkeit darauf richten)/Motorik und Wahrnehmung (Objekte mit den Händen erkunden, Konsistenz, Beschaffenheit, Temperatur wahrnehmen)

5.2 Die Ebene des basalen Lernens

Tab. 5.3: Methodisches Modell Basale Lernaktivitäten – Fortsetzung

Lernvorhaben:	Wir gießen Wasser in eine Dachrinne (in Anlehnung an Theilen 1996, 28 f.)
Gestalten	

Greifen und Hantieren (mit Armen und Händen verschiedenartige Wirkungen erzielen, nach Gegenständen greifen und sie festhalten, einen gehaltenen Gegenstand durch Öffnen der Hand loslassen, Bewegungen der beiden Hände koordinieren, Handmotorik im Alltag situationsangemessen nutzen)/Visuomotorische Koordination (Bewegungsabläufe von Augen und Händen koordinieren)/Sensomotorische Kompetenzen (Wiederholung von zufälligen Handlungen herbeiführen, Handlungsmuster an einem Gegenstand anwenden und variieren, sich mit einem Gegenüber beim Ausüben von Handlungen abwechseln, neue Handlungsschemata entdecken).

...

Unterrichtsphase Übergeordnete Lernaktivität	Mögliche Lernaktivitäten
Lernschritt 1:	Die Rinne
Erleben	Taktiler Eindruck: Hände in die Dachrinne halten, zunächst die trockene Dachrinne spüren, dann das hindurchfließende Wasser. Hände unter den Wasserstrahl halten, der am Ende aus der Dachrinne fließt. Unterschiedliche Wassertemperaturen fühlen. Visueller Eindruck: Sehen, wie das Wasser durch die Rinne fließt. Sehen, wie das Wasser sich in eine Wanne am Ende der Rinne ergießt. Gegenständen, die durch die Rinne schwimmen, mit den Augen folgen. Auditiver Eindruck: Das Plätschern des Wassers hören.
Gestalten	Mit kleinen Gefäßen Wasser aus einer Wanne/einem Eimer schöpfen. Wasser in die Rinne gießen, abwechselnd mit einem Partner, der Lehrkraft Wasser in die Rinne gießen. Wasser in der Rinne stauen. Verschiedene Gegenstände durch die Rinne schwimmen lassen.
Lernschritt 2:	Der Springbrunnen

Tab. 5.3: Methodisches Modell Basale Lernaktivitäten – Fortsetzung

Lernvorhaben:	Wir gießen Wasser in eine Dachrinne (in Anlehnung an Theilen 1996, 28 f.)
Erleben	Sehen, wie das Wasser am Ende der Rinne auf einen umgedrehten Eimer (Boden nach oben) trifft und nach allen Seiten sprüht. Das Wasser plätschern hören. Die Hände in das sprühende Wasser halten. Statt des Eimers werden andere Gegenstände unter den Wasserstrahl gestellt, die SuS beobachten die Wirkung.
Gestalten	Durch Eingießen von Wasser den Springbrunnen in Gang setzen.
Lernschritt 3:	Das Wasserrad
Erleben	Ein Wasserrad beobachten, das durch den Wasserstrahl angetrieben wird.
Gestalten und Handeln	Das Wasserrad aufstellen. Wasser in die Rinne gießen und das Wasserrad damit antreiben.

Die Umsetzung des methodischen Modells kann – in Anlehnung an Breitinger & Fischer (1981, 170 ff.) – von verschiedenen methodischen Prinzipien geleitet sein. *Komplexität und Mehrschichtigkeit der Ziele* meint, dass ein Lernvorhaben sich auf unterschiedliche Lernbereiche bezieht und Lernmöglichkeiten auf verschiedenen Niveaustufen enthält. Im Sinne von *Wiederholung und Stetigkeit* ist das Lernangebot regelmäßig und immer wiederkehrend in den Unterrichtsalltag eingebettet. Die Lernsituation ist so gestaltet, dass die Schülerinnen und Schüler auch ihre eigene Art und Weise der Auseinandersetzung mit dem Lernangebot realisieren können (*Offenheit der Lernwege*). Eine *Vielfalt an Interaktionen* zwischen Lehrkraft und Lernenden, Schülerinnen und Schülern untereinander oder mit dem Objekt in unterschiedlicher Ausprägung ist möglich und sinnvoll.

5.3 Die Ebene des aufbauenden Lernens

5.3.1 Zur Funktion der Planungsebene des aufbauenden Lernens

Im Zentrum der Planungsebene des aufbauenden Lernens stehen die Konzepte der Handlung und des Begriffs. Ziel ist der Aufbau von Handlungsfähigkeit und die Förderung von problemlösendem Denken als verinnerlichtem Handeln sowie differenzierter, vorstellungsbasierter Begriffe bei Schülerinnen und Schülern mit geistiger Behinderung. So werden wesentliche Voraussetzungen für das Weiterlernen auf der fachbezogenen Ebene geschaffen. Die Schülerinnen und Schüler beschäftigen sich auf dieser Ebene beispielsweise mit dem Thema »Milchprodukte« und stellen in diesem Zusammenhang einen Kräuterquark her, im Vordergrund steht dabei aber zunächst nicht in erster Linie das Wissen darüber, in welchen Lebensmitteln Milch enthalten ist. Didaktischer Schwerpunkt ist vielmehr die Nachahmung einer vorgegebenen Handlung oder aber deren eigenständige Planung als Akt des Problemlösens, von einem Handlungsziel ausgehend. Erst in zweiter Linie geht es um das Wissen, dass Quark aus Milch hergestellt ist wie Butter, Joghurt oder Sahne auch und somit zur Kategorie »Milchprodukte« gehört. Umgekehrt braucht aber gerade dieses Wissen um Milchprodukte einen Handlungskern – erst indem sie z. B. Joghurt selbst herstellen, können die Schülerinnen und Schüler den Begriff »Milchprodukte« auch wirklich inhaltlich füllen. Von hier aus ist dann die Brücke zur Ebene des fachbezogenen Lernens zu schlagen, auf der Themen wie »Nutztiere« oder Fragen der Herstellung von Lebensmitteln behandelt werden

5.3.2 Lernaktivität: Handeln als Nachahmen

Handlungsschemata und Handlungsfolgen

Bei der Planung von Lernsituationen, die sich vorwiegend auf einer konkrethandelnden Ebene bewegen und sich – zumindest auf den ersten Blick – als Abfolge motorischer Handlungsmuster präsentieren, ist die Unterscheidung zwischen Handlungsfolgen und Handlungsschemata innerhalb von Handlungen ebenso grundlegend wie hilfreich (vgl. Aebli 1987, 185).

Handlungsfolgen werden Schritt für Schritt entworfen, wenn etwas Neues ausprobiert wird. Sie werden also zusammengesetzt, der Ablauf als ganzer ist neu, es wird nicht ein Muster abgespult, welches bereits bekannt ist.

Handlungsschemata hingegen sind sozusagen Elemente von Handlungsfolgen. Wenn ich ein Regal bauen will, hilft mir, dass ich in einem anderen Zusammenhang bereits gelernt habe, wie man die notwendige Länge der Bretter abmisst, diese zurechtschneidet, Löcher bohrt und Schrauben eindreht. In der Regel verfügen wir über eine Vielzahl derartiger hilfreicher Handlungsschemata. Im Rahmen des lebenspraktischen Lernens von Schülerinnen und Schülern mit geistiger Behinderung ist es daher von hoher Bedeutung, diesen Handlungselementen besondere Aufmerksamkeit zu widmen und sie ggf. auch isoliert zu üben und zu trainieren.

Nach Aebli (1987, 185) sind Handlungsschemata als ganze gespeichert, reproduzierbar und auf neue Gegebenheiten anwendbar. Ziel des Unterrichts ist es daher, dass Schülerinnen und Schüler vielfältige Handlungsschemata erwerben, um sie später im Rahmen komplexerer Situationen immer wieder reproduzieren zu können, ohne sie jedes Mal neu entwerfen zu müssen.

Ob es sich bei einer (motorischen) Handlung um eine Handlungsfolge oder ein Handlungsschema handelt, ist dabei u.U. auch eine Frage der Perspektive. Aebli nennt als Beispiel die »Handlungen der Morgentoilette«, welche »derartige automatisierte Handlungsschemata (bilden): Waschen, Zähne putzen, Kämmen« (186). Es wird deutlich, dass für Kinder und Jugendliche mit geistiger Behinderung »Waschen« durchaus eine Handlungsfolge darstellen kann und auch als solche geübt werden muss – der Umgang mit Waschlappen, Seife und dem Wasserhahn könnte sogar nochmals in weitere Handlungsschemata aufgegliedert werden (vgl. Häußler 2018, 11 ff.).

Entscheidend scheint dabei, dass zwei (oder mehrere) voneinander zunächst unabhängige Gegebenheiten bzw. Ereignisse der Umwelt miteinander in Verbindung gebracht werden – der Besen, der in die Hand genommen werden soll, die Speise, die mit dem Löffel aufzunehmen ist, der Pinzettengriff von Daumen und Zeigefinger und der Clip des Reißverschlusses. Pitsch & Thümmel (2015, 86) sprechen in diesem Sinne vom Aufbau »funktioneller Systeme«: Zwischen Motorik und visueller Wahrnehmung wird eine Verbindung hergestellt, sensorische und motorische Reize bzw. Prozesse regulieren sich gegenseitig. »Dabei wird von der ersten vorgenommenen Bewegung eine Kopie festgehalten, die verändert werden muss, wenn sie nicht mit den reafferenten Reizen übereinstimmt. Als Folge davon wird die Bewegungsrichtung verändert« (ebda). Die sich derart herausbildenden funktionellen Systeme werden als Vorstellungen verinnerlicht.

Kinder und Jugendliche mit geistiger Behinderung brauchen bei der Ausbildung derartiger funktioneller Systeme und deren verinnerlichter Vorstellung auf allen Abstraktionsstufen des Lernens vielfältige Unterstützung und Anleitung. Diese kann so aussehen, dass die Lehrkraft Teilschritte für den Lernenden ausführt oder sie bei einem/mehreren Teilschritten motorische bzw. verbale Hilfestellung gibt.

Vormachen und Nachahmen

Für das Erlernen motorischer Abläufe, wie sie bei lebenspraktischen Fertigkeiten im Mittelpunkt der didaktisch-methodischen Überlegungen stehen, bietet sich das direktive, rezipierende und nachahmende Lernen an. Die Lehrkraft zeigt etwas, macht es vor, erklärt, der Schüler bzw. die Schülerin macht dies nach und erwirbt dabei Fertigkeiten, aber auch grundlegende Einblicke in die Struktur seiner/ihrer Lebenswelt und darüber letztlich das Zutrauen, sich kompetent handelnd mit ihr auseinandersetzen, ein Stück von ihr »erobern« zu können.

Aebli stellt allerdings fest, dass das Nachahmungslernen im Geruch einer gewissen »Rückständigkeit« stehe und deswegen verpönt sei. »Warum eigentlich dieses Zurückschrecken vor dem Vorzeigen?« (Aebli 1987, 65 ff.), fragt er. Im Alltag komme es häufig vor, dass Menschen durch Vorzeigen und Nachahmen lernen – eine sehr effektive Form des Lernens. Dies lässt sich mit Sicherheit auch für den Sachunterricht im FgE sagen. Gerade für lebenspraktisch akzentuierte Inhalte ist das Vormachen und Nachahmen bei entsprechender didaktisch-methodischer Aufbereitung ein erfolgversprechender Weg (vgl. Häußler 2018).

Beim Beobachtungslernen ahmen Schülerinnen und Schüler innerlich in unterschiedlicher Intensität die vorgemachte Handlung nach. Dabei wird nicht nur die Handlung selbst, sondern auch deren Resultat wahrgenommen und es entsteht eine Vorstellung des angestrebten Ergebnisses. Dementsprechend wird versucht, sowohl die Handlung nachzuahmen als auch das entsprechende Ergebnis zu erzielen. Aebli stellt dabei die Bedeutung des Vorbildes für die Wirksamkeit dieses Lernprozesses heraus – wichtig sei die Vertrautheit mit dem Handlungsvorbild, dessen »Interessantheit« (vgl. Aebli 1987, 72). Auch Pfeffer hat auf die Bedeutung des Erziehenden in ganz ähnlicher Weise hingewiesen, wenn er formuliert, dass »Dinge durch interessante Menschen interessant« (Pfeffer, 1988, 231) würden.

Regeln für das Vorzeigen (nach Aebli 1987, 72 ff.):

- Komplexe Abläufe werden in Teile zerlegt und benannt.
  Da bei Handlungsfolgen häufig eine Phase in die nächste übergeht, ist es wichtig, einen gegliederten Handlungsplan vorzustellen. Ideal ist es, wenn die einzelnen Elemente der Handlungsfolge in sich funktionelle Einheiten darstellen. Die möglichst prägnante Wortfolge unterstützt in einem medialen Sinne die Speicherung des Vorgangs, insbesondere wenn der Schüler die beobachtete Handlung ebenfalls versprachlicht.
- Die Lehrkraft begleitet ihre Handlungen durch prägnante Kommentare. Verbale Hinweise sind wichtig, denn sie heben wesentliche Elemente des Handlungsvollzugs hervor, lenken die Aufmerksamkeit und helfen bei der gedanklichen Organisation des Vorgangs und dessen Speicherung.
- Als Zwischenstufe zwischen konkreter Handlung und Versprachlichung sowie als Gedächtnisstütze dient als weitere (ikonische) Abstraktions-

> ebene die Visualisierung der einzelnen Handlungsschritte in Form von Abbildungen.
> • Das Nachahmen erfolgt ebenfalls schrittweise, wenn möglich im gemeinsamen Rhythmus.
> • Die Lehrkraft unterstützt den richtigen Vollzug, indem sie die Handlungsschritte mit ausführt.
> • Wichtig ist die Einbindung des Handlungsvollzugs in Alltagssituationen und damit dessen häufige Übung.

Das Demonstrieren der nachzuahmenden Handlung kann dabei in unterschiedlich abstrakten Veranschaulichungsformen bzw. mit Hilfe entsprechend aufbereiteter Medien geschehen (▶ Kap. 5.3.2). Grundform ist das direkte Vormachen durch die Lehrkraft, die unaufwändigste und besonders bei stärker beeinträchtigten Schülern sicherlich sinnvollste und effektivste Variante. Es ist aber ebenso möglich, die Demonstration des Vorgangs medial aufzubereiten und z. B. einen kleinen Film zu drehen, welcher die fragliche Handlung zeigt.

Eine weitere Variante könnte die selbst erstellte Aufnahme einer kurzen Hörszene sein, in welcher der Ablauf einer bestimmten Handlung geschildert wird, sei es von einer realen oder fiktiven Person.

Alle Formen des Vormachens haben den Vorteil, dass sie beliebig oft reproduziert werden können. Die Handlungsfolge wird – nachdem sie zunächst als Ganze demonstriert wurde – analysiert und in Handlungsschemata zerlegt, von den Schülern versprachlicht und in Form von Bildkarten an der Tafel gesichert. So wird die Handlungsfolge auch auf allen Abstraktionsstufen repräsentiert.

Nachahmendes Lernen als Lerntätigkeit im Rahmen des Lernfeldes Selbstversorgung bzw. »Elementarer Alltagssituationen«

Angewandt wird die Methode des nachahmenden Lernens überall dort, wo Schülerinnen und Schüler zum einen problemlösendes Denken (noch) nicht beherrschen, zum anderen, wo eine gezielte Vermittlung schlichtweg die effektivste Möglichkeit der Wissensvermittlung ist. Dies trifft vor allem dann zu, wenn noch lebenspraktische Grundkenntnisse vermittelt und geübt werden müssen, insbesondere also auf das Lernfeld Selbstversorgung (vgl. Häußler 2018; Bühler & Manser 2019).

Lerninhalte aus dem Bereich der Selbstversorgung sind für Kinder und Jugendliche mit geistiger Behinderung von hoher Bedeutsamkeit: Sie stammen aus den Bereichen Nahrung, Körperpflege, Kleidung, Wohnen, Werkzeuggebrauch und Sicherheit. Darin sind Aspekte enthalten, die sowohl elementare

Lebensfertigkeiten insbesondere aus dem Bereich (Körper-) Pflege oder Ernährung aufgreifen, aber auch motorisch und kognitiv komplexere Fertigkeiten wie Telefonieren oder Schuhe binden.

Was die Unterrichtsgestaltung angeht, so ist bei der Methodenwahl nicht nur das Entwicklungs-, sondern auch das Lebensalter der Schülerinnen und Schüler zu beachten. Während bei jüngeren Kindern spielerische Angebote (gerade auch was motorische Vorübungen betrifft) motivierend wirken, sollten Jugendliche sich eher in sachlicher, pragmatischer Form und unter Bezug auf den unmittelbaren lebenspraktischen Nutzen mit den Lerninhalten auseinandersetzen können.

Diese müssen demnach von der Lehrkraft jeweils im Hinblick auf die besondere Lebenssituation der Schülerinnen und Schüler ausgewählt werden. Allerdings sollten sie nicht nur unter dem Aspekt ihrer pragmatischen Nützlichkeit gesehen und behandelt werden – ebenso wichtig ist es, über die persönliche, ja existentielle Bedeutsamkeit der technisch-funktionalen Handlung zu reflektieren. Welche Seife riecht für das Kind/den Jugendlichen angenehm oder »passt« zu ihm, welchen Aufstrich wählen wir für das Brötchen, weil er besonders gut schmeckt, gefallen uns die Schuhe, mit denen wir das Schleifebinden üben? Dies sind Fragen, die über den Gebrauchswert der Dinge hinausgehen und ein Stück Persönlichkeits-Bildung, Lebensgestaltung, ja Kultur darstellen. Bedeutsam im Sinne einer bereichernden Lebenspraxis sind dann Fähigkeiten und Fertigkeiten, die mehr Unabhängigkeit, Selbstbewusstsein, Sicherheit, Mobilität, Kommunikation und so letztlich mehr Lebens-Genuss ermöglichen.

Lebenspraktisches Lernen im Bereich der Selbstversorgung ist Lernen im und für den Alltag und seine sich stetig wiederholenden Vollzüge. In diesem Sinne muss die Lehrkraft für ihre Unterrichtsplanung »elementare Alltagssituationen« (Häußler 2018, 5) ausfindig und für den Unterricht fruchtbar machen. Diese weisen folgende Merkmale auf:

- Sie sind in der aktuellen bzw. zu erwartenden Lebenssituation in der Schule oder zu Hause verortet.
- Sie kehren (in der Schule, zu Hause, in der weiteren Umgebung) regelmäßig wieder.
- Die für ihre Bewältigung nötigen Fertigkeiten lassen sich am besten lehrgangsartig bzw. als Unterweisung (Vormachen – Nachmachen) vermitteln.
- Diese Fertigkeiten wiederum bestehen aus Teilelementen (»Handlungsschemata« bzw. »Basale Grundfertigkeiten« – Breitinger & Fischer 1993, 122), die sich ggf. auch in anderen Alltagssituationen finden und auf sie übertragen lassen.
- Sie erfordern die Zusammenarbeit von Schule und Elternhaus bzw. Heim.

Lebenspraktische Fertigkeiten zeigen sich dabei unterschiedlich komplex: Bei vielen spielt der motorische Aspekt eine wichtige Rolle, weswegen zu ihnen häufig (fein-)motorische Vorübungen angeboten werden müssen. Nicht selten erfolgt über die Motorik und die Auseinandersetzung mit dem Gegenstand auch die Einsicht in Sach- und Wirkungszusammenhänge, so dass in kognitiver Hinsicht auch ein Beitrag zur Begriffsbildung geleistet wird. Schließlich gibt es auch Alltagssituationen, in denen kommunikative und sozial-emotionale Kompetenzen gefragt sind.

Das methodische Modell: Erlernen einer lebenspraktischen Fertigkeit/Lehrgang

Ein geeignetes methodisches Modell für die Vermittlung lebenspraktisch akzentuierter Inhalte soll hier im Anschluss an den »Lehrgang« bzw. das Modell »Erlernen einer lebenspraktischen Fertigkeit« (Fischer 1981, 165; Pitsch & Thümmel 2015, 105 ff.) vorgestellt werden. Im Mittelpunkt stehen eine Handlungsfolge und die sie konstituierenden Handlungsschemata, die auf dem Weg der direkten Instruktion vermittelt werden – im hier dargestellten Unterrichtsbeispiel das Belegen eines Brotes (▶ Tab. 5.4/▶ Abb. 5.2).

Tab. 5.4: Methodisches Modell »Lehrgang«

Übergeordnete Lernaktivitäten:

Erkennen/Verstehen – Umsetzen/Handeln:
Bewegungen im Zusammenhang mit Gegenständen nachahmen

- Bewegungen/Handlungen in Situationen nachahmen
- Mehrere Handlungen nachahmen
- Handlungen in vertrauten Situationen reproduzieren
- Materialien/Hilfsmittel bereitstellen und nutzen

Evaluieren/Reflektieren:

- Den Erfolg der Handlung bewerten

Weitere mögliche Kompetenzerwartungen:

- Alleine und/oder mit anderen (in Partnerarbeit) zusammenarbeiten
- Kommunizieren (korrekte Begriffe verwenden, Handlungsschritte verbalisieren)

Tab. 5.4: Methodisches Modell »Lehrgang« – Fortsetzung

Phase	Unterrichtsverlauf
Vorphase	*Vorbereiten:* Vorbereitende motorische Übung: SuS dürfen sich als »Vorspeise« einen Käsewürfel aufspießen und ihn essen.
Hinführung	*Einordnen:* Herstellen eines Gesamtzusammenhangs: etwas zum Frühstück machen, etwas für den Pausenverkauf vorbereiten. L zeigt auf Zutaten, SuS vermuten. Vorwissen: Was esse ich am liebsten auf meinem Brot? Klärung der Zielsetzung.
Erarbeitung I	*Demonstrieren:* L zeigt die benötigten Zutaten: SuS benennen diese, ordnen ggf. bereits Bildkarten zu. Vormachen L demonstriert das Belegen des Brotes, regt die SuS zur genauen Beobachtung an. Versprachlichen (L und/ oder SuS): • Zuerst lege ich das Brot auf den Teller. • Dann schneide ich ein Stück Butter ab. • Ich streiche die Butter auf das Brot. • … *Erklären:* • Ich schneide nur ein kleines Stück Butter/nahe an der Ecke ab. • Ich drehe das Messer leicht in der Hand, so dass ich die Butter mit der flachen Klinge verstreiche. • Beim Verstreichen brauche ich ein wenig Kraft. • Wurst/Käse und Gurkenscheiben spieße ich mit einer Gabel auf und hebe sie vorsichtig an. Sichern der Handlungsschritte auf der bildlichen/ikonischen Ebene im Tafelbild.
Erarbeitung II	*Nachmachen:* Einzelne SuS ahmen den Handlungsablauf Schritt für Schritt nach, versprachlichen ggf. ihre Handlungen und ordnen zu jedem Handlungsschritt die passende Abbildung an der Tafel zu.
Sicherung	*Üben:* SuS erhalten die Zutaten, erproben den Handlungsablauf in Einzelarbeit L gibt unterschiedlich intensive Anleitung und Hilfestellung und kontrolliert die Arbeitsergebnisse.
Abschluss/ Reflexion	Der Frühstückstisch wird gedeckt/der Stand für den Pausenverkauf mit den Broten bestückt.

5 Die Konzeption des Plan-Quadrats für den Sachunterricht im FgE

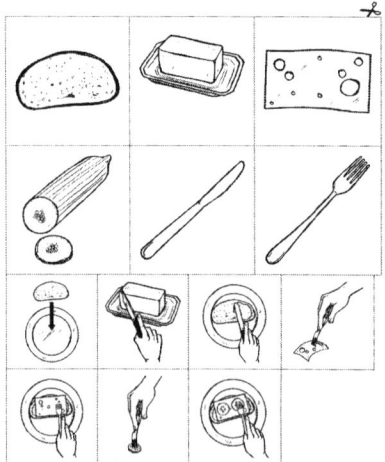

Die Kärtchen werden ausgeschnitten und in der richtigen Reihenfolge auf die Felder des Arbeitsblattes geklebt.

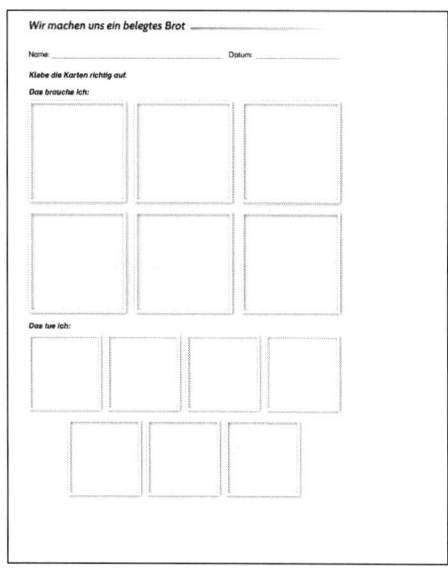

Abb. 5.2: Lebenspraktische Fertigkeit »Wir machen uns ein belegtes Brot«. Aus: Michael Häußler, Lebenspraktische Fertigkeiten erwerben, S. 34 f. © Persen Verlag

Je nach Entwicklungsstand der Lernenden kann jede Phase für sich genommen auch Gegenstand einer oder sogar mehrerer eigener Unterrichtsstunden sein. Das hier gezeigte Stundenmodell wäre dann eher als eine Art Sequenzplanung zu sehen.

In organisatorischer Hinsicht kann der Unterricht als Einzelmaßnahme, in Kleingruppen, als spezielles Trainingsprogramm (im Rahmen der Förderschule wie auch in inklusiven Zusammenhängen als spezielle Fördermaßnahme) oder als Unterrichtssequenz in der Stammklasse mit differenzierten Zielsetzungen gestaltet werden.

5.3.3 Lernaktivität: Handeln als Problemlösen

Vom Handeln zum Denken

Die Anbahnung von Denkleistungen über konkretes Handeln stellt ein wichtiges Arbeitsprinzip im Unterricht mit Schülerinnen und Schülern mit geistiger Behinderung dar. Handeln ist – wie im vorangehenden Abschnitt bereits gezeigt – niemals nur äußerlich beobachtbares Tun, sondern geht immer auch mit inneren Prozessen einher (vgl. Häußler 2015, 71 ff.). Äußeres und inneres Handeln sind demnach zwei Seiten derselben Medaille: Auch das äußere Tun ist von Bewusstsein begleitet, inneres Tun als Denken bildet sich über (äußeres) Handeln, kann aber schließlich auch rein in der Vorstellung ablaufen.

Handlungen i. e. S. sind somit mehr als Fertigkeiten, sie sind vielmehr »in ihrem inneren Aufbau verstandene Vollzüge, die ein fassbares Ergebnis erzeugen« (Aebli 1987, 182) und damit mehr als lediglich nachahmendes Tun, auch wenn das Nachahmen sicherlich eine wichtige Vorläuferkompetenz zum eigenständigen, problemlösenden Handeln darstellt. Vieles begriffliche Wissen basiert letztlich ebenfalls auf Handlungen und lässt sich auch wieder in Handlungen zurückverwandeln. Wenn etwa die Schülerinnen und Schüler Ableger einer Zimmerpflanze in einen Blumentopf einpflanzen, erlernen sie nicht nur diesen Handlungsablauf, sondern auch etwas über den Begriff der Vermehrung. Ausschließlich verbal orientierter Unterricht übergeht diesen Handlungsaspekt und vermittelt ein Wissen, welches von den Schülern nicht handelnd unterfüttert werden kann.

Der Aufbau neuer Handlungen erfolgt oft in Anknüpfung an bisherige Erfahrungen und Erlebnisse, was dem Prinzip der kognitiven Aktivierung entspricht. Das Neue nimmt also seinen Ausgang vom Bekannten, wobei letzteres häufig in einem neuen Licht gesehen werden muss. So sollen die Schülerinnen und Schüler im Zusammenhang mit dem Sachunterrichtsthema »Luft« beispielsweise ein Windrad aus einer stabilen Nadel, einer Bastelperle, einem Kronkorken und einem Blatt Papier herstellen, auf dem das Windrad schablonenartig vorgezeichnet ist. Alle Materialien sind aus anderen Zusammenhängen bekannt, aber wozu wird in diesem Fall der Korken verwendet? Als

Haltegriff, an dem die zu einem Windrad gefaltete Schablone mit Hilfe der Nadel befestigt wird. Und die Perle mit dem Loch? Sie wird als Abstandhalter zwischen Kronkorken und Papier benötigt, damit sich das Windrad gut drehen kann.

Wenn es den Schülern möglich ist, das Handlungsziel in der Vorstellung zu repräsentieren, so kann die dahin führende Handlung anhand der vorgegebenen Materialien im fragend-entwickelnden Verfahren erarbeitet werden. Oft ist es sinnvoll, das Handlungsziel als Modell oder real aufzuzeigen (das fertige Windrad), da Schülerinnen und Schüler mit geistiger Behinderung nicht in jedem Fall über eine Vorstellung darüber verfügen werden, wie das fertige Produkt aussehen könnte. Aebli nennt dies »regressive« (also rückwärts schreitende) Handlungsplanung.

Wenn Lernende handeln, lernen sie dabei auch, dass Handlungen eine bestimmte, prototypische Struktur haben. Diese Erkenntnis an sich ist bereits bildungswirksam, da sie hilft, neue Handlungsaufgaben ebenfalls für sich zu strukturieren und sich stets von neuem an dieser Struktur zu orientieren.

Verinnerlichte und in ihrer Struktur durchdrungene Handlungen nennt Aebli »Operationen« (1987, 209). Von Handlungsautomatismen, wie sie im vorangehenden Abschnitt vorgestellt wurden und die nur in immer ein und derselben Situation angewendet werden können, unterscheiden sie sich durch Beweglichkeit (z. B. Kombinierbarkeit oder Reversibilität) und das Eingefügt-Sein in Zusammenhänge. Operationen erfordern einen innerlichen Mitvollzug des Lernenden und müssen in einem Prozess selbsttätigen Suchens in problemhaltigen Situationen aufgebaut werden. Steht eine Handlung als Operation im Mittelpunkt, handelt es sich also per se um problemlösenden und kompetenzorientierten (▶ Kap. 4.2) Unterricht, dessen Bedeutung Aebli folgendermaßen umschreibt:

> »Das Problemlösen hat auch seinen eigenen Wert. Indem wir es pflegen, vermitteln wir dem Schüler Verfahren, Methoden und Heuristiken, die in der Schule und im Alltag hilfreich sind, und er erfährt, was Suchen und Forschen, Denken und Erkennen wirklich bedeuten (...) Er erfährt die Befriedigung der Einsicht und der Klarheit, entwickelt Haltungen des Selbstvertrauens vor neuen Situationen, der inneren Unabhängigkeit und der Autonomie« (Aebli 1987, 279).

In der Tat kann wohl behauptet werden, dass Unterricht umso spannender ist, je stärker er ein Problem, eine aufzulösende Fragestellung in den Mittelpunkt stellt. Aus diesem Grund werden an dieser Stelle Handlungsorientierung und Problemlösung in einen derart engen (didaktischen) Zusammenhang gebracht:

> »Unsere Antwort auf die Frage, was das Lernen des Schülers in Bewegung setzt, wird lauten: lebendig empfundene Probleme. (...) Darum entwickeln sich auch unsere Handlungen aus einer Problemstellung heraus. Die Handlung planen heißt, die Frage

beantworten, wie man zum Handlungsziel gelangt. Sie durchführen heißt, den Weg zum Ziel effektiv zu finden und zu beschreiben ...« (Aebli 1987, 277 f.).

Wir stoßen hier wieder auf das Phänomen der Lücke, welche zum Ausgangspunkt für das problemlösende Denken und Handeln wird: »... was uns zur Verfügung steht, kennen wir in der Regel, ebenso das Ziel: Das Problem ist die Lücke, die zwischen den verfügbaren Mitteln und dem Ziel klafft. Wie die Mittel einsetzen, welche Mittel einsetzen, welche Aufbauschritte ausführen, das ist die Frage.« (Aebli 1987, 280).

Problemlösungen gelingen auf der Basis folgender Lernvoraussetzungen (nach Miessler & Bauer 1978, 98 ff.):

- *Kenntnisse und Erfahrungen*: Beim Problemlösen werden bereits vorhandene Kenntnisse und Erfahrungen aktiviert und in den Dienst des Ziels gestellt. Entsprechende geistige Tätigkeiten sind das Erkennen des Problems als solches, die Aktivierung von Erfahrungen aus ähnlichen Situationen sowie deren Anwendung auf die neue Situation.
- *Antizipation des Effekts*: Beim Problemlösen wissen die Schülerinnen und Schüler allerdings nicht von vornherein, welche Kenntnisse ihnen weiterhelfen. Eine Denkleistung liegt erst dann vor, wenn die Person aus dem vorhandenen Wissen das geeignete Mittel herauszufinden vermag.
- *Herstellen neuartiger Beziehungen*: Entscheidend ist, in welcher Weise vorhandenes Wissen angewendet wird. Die Denkleistung besteht in der Herstellung einer neuartigen Beziehung zwischen den Dingen.

In Aeblis Verständnis – welches m. E. aus heutiger Sicht sehr modern wirkt – erscheint Lernen somit als ein aktiver, selbst gesteuerter Konstruktionsprozess von operativem Wissen, welches flexibel und anwendungsfähig ist und auf der Basis von Vorwissen erworben wird. Dieses muss aufgegriffen und mit neuen Problemen in Zusammenhang gebracht werden. Hierfür ist wiederum die handelnde Auseinandersetzung, das aktive Ausprobieren in lebensnahen Lernsituationen notwendig.

Dabei geht es auch um die Förderung grundlegender Funktionsbereiche: In jeder Handlung werden zahlreiche Leistungen der Kognition, des Gedächtnisses, der Wahrnehmung und der Motorik gefordert. Gedächtnisinhalte, Vorstellungen, Sinneseindrücke, Bewegungen und kognitive Strategien müssen permanent koordiniert werden.

Die pädagogische Intention besteht letztlich auch in der Anbahnung einer grundsätzlichen Haltung der Neugier, der Offenheit und des Fragens – gerade bei Schülerinnen und Schülern mit geistiger Behinderung.

Das methodische Modell: Die Handlungseinheit

Mit dem methodischen Modell der Handlungseinheit (vgl. Fischer 1981, 162 ff.; Häußler 2015, 74 ff.) können anhand von Alltagsphänomenen und lebenspraktischen Fragen Problemstellungen im Sachunterricht im FgE thematisiert und handelnd aufgelöst, Handlungen entwickelt und Grundlagen operativen Denkens gelegt werden. Das hierfür vorgestellte Beispiel der Herstellung eines Windrads (s. o.) könnte auch nach dem methodischen Modell des Lehrgangs und mit der Methode des Demonstrierens und Nachmachens realisiert werden. Zentrale didaktische Intention ist im Fall der Handlungseinheit jedoch die selbstständige Handlungsplanung – die Schülerinnen und Schüler sollen bezogen auf das Handlungsziel anhand vorgegebener Materialien selbst die richtige Vorgehensweise finden. Dabei bringen sie – im Sinne einer grundlegenden kognitiven Aktivierung – ihr Vorwissen ein und kombinieren dieses angesichts der Problemstellung und der sich auftuenden didaktischen Lücke neu.

Aeblis Beschreibung der Struktur von Handlungen (Aebli 1987, 186 ff.) entspricht weitgehend den Phasen des Lernprozesses, wie er von Heinrich Roth (1963, 226) dargestellt wurde. Diese Abfolge ist gleichermaßen das Grundmuster des methodischen Modells der Handlungseinheit (Tab. 5.5)

Tab. 5.5: Handeln und Lernen

Phasen einer Handlung (Aebli 1987)	Phasen des Lernprozesses (Roth 1963)	Phasen des methodischen Modells »Handlungseinheit« (Fischer 1981)
Bedürfnis	Antrieb (Motivation)	Problemstellung und Konkretisierung des Vorhabens
Zielentscheidung	Widerstehendes Objekt als Aufgabe	
Planung	Einsicht in einen Lösungsweg	Arbeitsplanung
Durchführung	Tun, das diesen Weg als richtigen bestätigt findet	Durchführung der Handlung in einzelnen Schritten
Beurteilung und Reflexion	Verfestigen des Gelernten	Bewertung des entstandenen Produkts
	Übertragung auf neue Situationen	Sicherung (Arbeitsblatt)

5.3 Die Ebene des aufbauenden Lernens

Die Artikulation des Unterrichts (▶ Tab. 5.6) entspricht damit dem natürlichen Prozess des Herangehens an ein (Alltags-) Problem, durch dessen Lösung man gleichzeitig etwas für künftige, ähnlich gelagerte Situationen lernt. Zentrales Anliegen ist die zu leistende Denkarbeit im Sinne des Vollzuges der einen Gegenstand bzw. dessen Herstellung bestimmenden gedanklichen Struktur. Zunächst sollten dabei nur einige wenige Denkschritte zur Lösung des Problems genügen.

Um bei Schülerinnen und Schülern mit geistiger Behinderung auf der Basis konkreten Handelns innere Vorstellungen und Denkprozesse aufzubauen, sind i. d. R. Hilfen nötig. Der Prozess der Verinnerlichung als »Ausbildung geistiger Tätigkeit« (vgl. Fischer 1981, 199 f.; ebenso die Ausführungen in ▶ Kap. 4.1.2) erfolgt im Unterricht schrittweise und unter Verwendung von Anschauungsmitteln, die eine Brücke zwischen konkreter Handlung und gedanklicher Vorstellung der Handlung darstellen:

- Ausführung der *konkreten Handlung* (enaktive Stufe), dabei handlungsbegleitendes Sprechen, d. h., die konkrete Handlung wird sprachlich mit- bzw. nachvollzogen.
- Eine *bildliche* (ikonische) Darstellung der Abfolge einer Handlung (zunächst evtl. als Modell, dann Bilder, Skizzen) erinnert an die konkrete Handlung, wirkt handlungsleitend und erleichtert die Bildung innerer Bilder. In der Unterrichtspraxis ist dies Aufgabe des Tafelbildes, ebenso erfolgt die Wiedergabe der so dargestellten Handlung i. d. R. auf dem Arbeitsblatt.
- Wiedergabe der Handlung *rein verbal* (begrifflich-abstrakt) aus der Vorstellung heraus. Eine besondere Bedeutung kommt in diesem Zusammenhang dem Medium der Sprache zu. Sie begleitet im Sinne ihrer medialen Funktion (Miessler & Bauer 1978, 157) Handlungs- und Denkprozesse. Von ihrer Förderung wird auch die geistige Entwicklung maßgeblich mit beeinflusst. Im Unterricht müssen daher Handeln und Sprache im Prinzip des »handlungsbegleitenden Sprechens« verknüpft werden. Dabei wird das Tun vom Sprechen begleitet, das Sprechen stützt und reguliert in gleichem Maße das Handeln (vgl. Häußler 2015, 132 ff.).

Ein besonderes Augenmerk sei hier noch auf die (optional einzuplanende) Phase der Vertiefung gelenkt. Obwohl die Handlung und der mit ihr zusammenhängende Denkprozess im Mittelpunkt stehen, kann doch die Chance genutzt werden, anhand des Handlungsablaufs und -produkts noch auf weiterführende fachbezogene Fragestellungen einzugehen. Am Beispiel des Windrades sehen die Schülerinnen und Schüler etwa, dass Luft – obwohl man sie nicht sehen kann – Kraft hat und etwas bewegen kann. Wurde eine gesunde, weil vitaminreiche und fettarme Speise hergestellt, können sie an dieser Stelle begründen, warum es sich hierbei um einen Beitrag zur gesunden Ernährung handelt. Wenn eine Jahresuhr mit Segmenten für Jahreszeiten und Monate erstellt wurde, kann hieran sogleich grundlegendes Zeitwissen geübt werden.

Tab. 5.6: Methodisches Modell Handlungseinheit

Übergeordnete Lernaktivitäten:

Erkennen/Verstehen:

- Probleme benennen
- Ziele setzen
- Handlungsschritte antizipieren
- Handlungen in Teilschritte zerlegen/analysieren
- Eine Handlung aus Teilschritten zusammensetzen/synthetisieren
- Probleme durch Versuch und Irrtum lösen
- Probleme durch Einsicht lösen

Umsetzen/Handeln – Eigenständig erarbeiten/Zusammenarbeiten:

- Materialien/Hilfsmittel bereitstellen und nutzen
- Handlungspläne verbalisieren und visualisieren
- Handlungspläne umsetzen

Evaluieren/Reflektieren:

- Hypothesen über die Wirkung von Handlungen bilden/ Handlungsfolgen antizipieren
- Lösungen reflektieren und bewerten

Phase	Unterrichtsverlauf	Did.-meth. Kommentar/ Lernaktivitäten
Hinführung	Problemstellung – Ausgangsfrage »Wir brauchen ... Wie macht man das?«	Sinnzusammenhang Zeigen des Endprodukts
Erarbeitung	*Was brauchen wir?* • SuS sammeln/L zeigt im UG nötige Materialien (sinnlich-wahrnehmende/konkret-handelnde Ebene). • Sammeln im TA (ikonische Ebene) • SuS versprachlichen »Wir brauchen ...« (symbolische Ebene). • SuS richten ihren Arbeitsplatz her.	

Tab. 5.6: Methodisches Modell Handlungseinheit – Fortsetzung

	(2) Was müssen wir tun? • Im Plenum: SuS vermuten, probieren exemplarisch aus (konkret-handelnde Ebene) • sammeln die Ergebnisse mit BK im TA (ikonische Ebene) • versprachlichen »Wir müssen ...« (symbolische Ebene).	Erkennen/Verstehen: Handeln als Problemlösen – Aufbau einer Denkoperation
	(3) Ausführen der Handlung EA/PA	Umsetzen Eigenständig erarbeiten bzw. mit anderen zusammenarbeiten
Sicherung	AB Evtl. nochmalige Versprachlichung.	AB entspricht TA!
Vertiefung (optional)	Werden anhand der Handlung bzw. erstellten Produkt grundlegende Zusammenhänge deutlich, exemplarische Einsichten möglich?	Erkennen/Verstehen
Schluss	Aufgreifen der Fragestellung Beurteilung des fertigen Produkts/Überprüfen der Funktionalität. Reflexion: Was lief gut? Was war schwer?	Reflektieren/Beurteilen Rückbezug zum Anfang!

Getragen wird ein Unterrichtsvorhaben wie die Handlungseinheit von einer grundsätzlichen Haltung der Lehrkraft: Sie muss ihren Schülerinnen und Schülern das eigenständige Lösen von Problemen zutrauen. Gelingt dieses nicht auf Anhieb, so stellt möglicherweise auch der Impuls des Helfen-Wollens, welcher sonderpädagogischem Handeln oft innewohnt, ein Hindernis auf dem Weg von Kindern und Jugendlichen mit geistiger Behinderung zur Selbstständigkeit dar. Es könnte sein, dass Lehrkräfte bisweilen dazu neigen, ihren Schülerinnen und Schülern Probleme aus dem Weg zu räumen und allzu rasch mit einem Hilfsangebot zur Stelle zu sein, anstatt diese selbst versuchen zu lassen, Lösungen zu finden und umzusetzen. Damit könnten die Schwierigkeiten, die viele Menschen mit geistiger Behinderung mit dem aktiven Lösen von Problemen haben, auch das Resultat sozialer Erfahrungen (im häuslichen Umfeld, aber auch in der Schule) sein und nicht nur eine Frage ihrer kognitiven Kapazitäten. »Personen, die viele Misserfolge haben oder ständig Hilfe erhalten, lernen nicht, ein Problem selbstständig zu lösen, sondern erwarten Hilfe von außen« (Miessler & Bauer 1978, 95). Hinzu kommt die oft gehörte Forderung, dass Lernen immer Spaß machen soll. Dabei wird möglicherweise übersehen, dass Freude, Befriedigung und Stolz letztlich eigentlich aus Momenten der Anstrengung erwachsen, wenn der Lernende seine Komfortzone und selbstverständliche Routinen verlassen und sich mit Herausforderungen auseinandersetzen muss. Diese Erfahrung ist im täglichen Leben wirksam, sie gilt aber besonders auch für Schule und Unterricht.

5.3.4 Lernaktivität: Erkunden

Begriffsbildung durch Erkunden und Erfassen

»Anschaulichkeit« ist ein wichtiges Unterrichtsprinzip und geradezu eine Forderung, die an guten Unterricht im FgE gestellt werden muss. Die Lehrkraft bringt die Dinge der Welt mit ins Klassenzimmer – als Anschauungsmaterial mit Aufforderungscharakter. Doch Anschauen allein genügt nicht, es bedarf des systematischen Erkundens, wenn die Dinge in ihrer Eigenart und ihren Eigengesetzlichkeiten tatsächlich erfasst und als Vorstellungen »auf den Begriff« gebracht werden sollen.

Das Erkunden ist eine Grundoperation des Denkens, bei der Eigenschaften, Zusammenhänge und Strukturen von Gegenständen, aber auch Ereignisse oder Situationen buchstäblich begriffen werden und die damit in engem Zusammenhang zur Bildung von Begriffen steht (vgl. Miessler & Bauer 1978, 67 ff.; Pitsch & Thümmel 2015, 130 ff.; Häußler 2015, 86 ff.)

Begriffsbildung ist ein aktiver Erkenntnisvorgang, bei dem sich Vorstellungen bilden, die immer wieder überprüft und revidiert werden. In diesem Lernprozess wird neben der Objektpermanenz auch Sprache erworben. Durch die Interaktion mit anderen gelingt es, das Bezeichnete (ein Objekt, ein Ereignis oder ein Begriffsschema) durch ein Bezeichnendes (ein Wort, eine Geste, eine Vorstellung) darzustellen – ob mit oder ohne Lautsprache. Man kann um etwas bitten, statt danach zu greifen. Das Erkunden kann – wenn man darunter Tätigkeiten wie das Erkunden mit allen Sinnen oder das Ausprobieren verschiedener Tätigkeiten an ein und demselben Objekt versteht – auch der Ebene des basalen Lernens im Rahmen des Plan-Quadrats zugeordnet werden bzw. nimmt von dort mit Sicherheit seinen Ausgang.

Anknüpfend an derartige elementare Formen des Erkundens ergeben sich weitere Möglichkeiten des Erkundens und Erfassens von Objekten. Miessler & Bauer (1978, 67) beschreiben in diesem Zusammenhang das Erfassen der

Beziehungen von Teil und Ganzem sowie das Erfassen der Beziehungen von Objekt und Eigenschaft als Grundoperationen.

So geht es nach Aebli beim »Anschauen« nicht um ein bloßes Abbild des Gesehenen, sondern um eine »innere Rekonstruktion« (Aebli 1987, 88). Gegenstände sollen aus ihrer Funktion heraus begriffen werden. Wir entwickeln ein Verständnis von ihnen, wenn wir auf sie einwirken oder sie vor unseren Augen entstehen lassen. Der Teller wird mit dem Essen in Verbindung gebracht, der Ball mit dem Spiel, der Besen mit dem Saubermachen. Die Frühstücksteller werden im Schrank von der Gesamtheit des Geschirrs unterschieden, sie werden auch an einem anderen als dem gewohnten Platz, auf einer Abbildung oder als Symbol wiedererkannt.

Diese Rekonstruktion geschieht im Prozess des Erkundens, welcher Teilelemente enthält, die auch im weiter unten dargestellten methodischen Modell der Objekterkundung als Phasen des Unterrichts zum Tragen kommen. Dazu gehört das Gliedern eines Objekts in Teile (der Besen besteht aus Stiel, Querholz und Borsten) und umgekehrt das Erfassen der Beziehungen von Teilen und Ganzem (die Borsten sind am Querholz angebracht, dieses kann man mit einem Gewinde am Stiel befestigen). Die Schülerinnen und Schüler bestimmen Eigenschaften des Objekts (die Borsten sind dicht nebeneinander, beim Kehrbesen sind sie eher weich, beim Schrubber rau, der Stiel ist aus Holz, Metall oder Kunststoff) und erfassen die Beziehung von Eigenschaft und Objekt (der Stiel ist lang und so bequem zu führen, die Borsten stehen eng an eng, um Schmutz gut aufzunehmen), wovon häufig die richtige Handhabung des Objekts abhängt.

Das Vergleichen von Objekten derselben Kategorie gelingt durch das Erfassen von Gemeinsamkeiten und Unterschieden wie Material und Länge des Stiels (Kehrbesen, Handbesen) oder unterschiedlichen Borsten für unterschiedliche Zwecke (aber i. d. R. die gleichen Teile).

Das methodische Modell: Die Objekterkundung

Ein geeignetes methodisches Modell zur Anbahnung elementarer Begriffe stellt die sog. »Objekterkundung« dar, die über gezieltes Erkunden zu einer differenzierten Wahrnehmung der Umwelt und ihrer inneren Zusammenhänge führen kann. Sie eignet sich dabei in erster Linie für die Erkundung relativ einfach strukturierter Gegenstände bzw. Objekte, um daran Begriffe und Oberbegriffe zu erarbeiten. Objekte sind in diesem Zusammenhang nicht nur Gegenstände, sondern auch Pflanzen oder Tiere. Der Schritt zu den entsprechenden fachspezifischen Arbeitsweisen des Erkundens im Rahmen der naturwissenschaftlichen Perspektive des Sachunterrichts ist von hier aus nicht groß (vgl. Häußler 2019, 536 f.). Dabei stehen die erkundeten Objekte meist nicht nur für sich, sondern repräsentieren einen bestimmten Sachzusammenhang.

Besonders bedeutsam ist dieses methodische Modell durch die Tätigkeit des Erkundens selbst, da diese an Wahrnehmungs- und Denkleistungen gebunden ist. Im Verlauf einer Objekterkundung lernen die Schülerinnen und Schüler demnach nicht nur das Objekt selbst in differenzierter Weise wahrzunehmen, einzuordnen, zu verstehen und zu benennen, sie erwerben auch die Kompetenz des Erkundens an sich. Darin liegt an sich schon ein bedeutsamer Bildungsgehalt. Dieser ist auf lange Sicht womöglich noch höher einzuschätzen als das erworbene (und nicht selten auch wieder vergessene) Sachwissen über die Dinge selbst.

Die Stufen der Entwicklung einer geistigen Tätigkeit sind – wie bei der Handlungseinheit – auch bei der Objekterkundung als geistige Prozesse von Bedeutung und müssen entsprechend in die Planung des Unterrichts einfließen. In jeder einzelnen Phase können sie dann in unterschiedlicher Gewichtung berücksichtigt werden (vgl. Häußler 2015, 94).

Auf der *sinnlich-wahrnehmenden Stufe* werden die Schülerinnen und Schüler das Objekt mit möglichst vielen Sinnen wahrnehmen: sie hören, riechen, ertasten und schmecken es gegebenenfalls.

Auf der *handelnd-aktiven (enaktiven) Stufe* setzen sich die Schülerinnen und Schüler aktiv mit dem Objekt auseinander: sie sortieren, bauen, verändern, probieren aus, wenden an.

Auf der *bildlich-darstellenden (ikonischen) Stufe* erkennen die Schülerinnen und Schüler das Objekt auf zwei-dimensionalen Darstellungen wieder und unterscheiden diese ggf. auch von den entsprechenden Darstellungen anderer, ähnlicher Objekte. Unter Umständen erstellen oder gestalten sie selbst Abbildungen, indem sie ausmalen oder Teile im Sinne eines Puzzles zusammenfügen. Auch im Tafelbild wird das erkundete Objekt auf dieser Abstraktionsstufe dargestellt.

Auf der *begrifflich-abstrakten (symbolischen) Stufe* wird es vor allem um die korrekte Begriffsbelegung der einzelnen Teile des Objektes sowie darüber hinaus über die Formulierung von Sach- und Funktionszusammenhängen gehen.

Entscheidend ist dabei, die Abstraktionsstufen nicht nur getrennt voneinander zu thematisieren, sondern im Unterricht den Zusammenhang zwischen ihnen herzustellen, so dass deutlich wird, dass es sich dabei um den gleichen Sachverhalt in jeweils qualitativ anderer Darstellung handelt (vgl. Häußler 2015, 94). Die Objekterkundung soll nicht von konkreten und anschaulichen Erfahrungen wegführen, sondern verschiedene Formen der Darstellung und der Erkenntnis verknüpfen. Deren Reihenfolge kann dabei variieren und mehrfach – auch in wechselnder Richtung – durchlaufen werden. Die Schülerinnen und Schüler erkennen, dass es sich um verschiedene Darstellungen des gleichen Sachverhalts handelt und dass auf allen Repräsentationsstufen im Wesentlichen die gleichen Erfahrungen gemacht und Zusammenhänge ersichtlich werden können.

Ein entsprechendes Artikulationsmodell der Objekterkundung könnte dann folgendermaßen aussehen (ein ausführliches Beispiel findet sich in Häußler 2015, 95 ff.):

Tab. 5.7: Methodisches Modell Objekterkundung

Übergeordnete Lernaktivitäten:	
Erkennen/Verstehen:	
• Vergleichen (Unterschiede und Gemeinsamkeiten erkennen und benennen) • In Teilaspekte gliedern und wieder zusammensetzen • Objekte ordnen (kategorisieren)	
Umsetzen/Handeln:	
• Ordnungsprinzipien im Alltag nutzen	
Phasen	Unterrichtsverlauf Abstraktionsstufen
Hinführung	Schaffen einer Frage- bzw. Problemstellung/Einbettung des Gegenstandes in eine Aufgabenstellung: Wie funktioniert das? Warum funktioniert es nicht? Wir wollen damit etwas machen/herstellen/ausprobieren. Anknüpfung an das Vorwissen, Hypothesen der SuS. Klare Zielangabe durch die Lehrkraft.
Erarbeitung	Ganzheitliche Erfassung: Sinnlich-wahrnehmende Stufe: SuS beschreiben Materialien, fühlen Eigenschaften, riechen, schmecken, hören (je nach Objekt) benennen evtl. bereits bekannte Teile. Handelnd-aktive Stufe: Sus erproben frei das Objekt, suchen im Klassenzimmer versteckte Objekte. Bildlich-darstellende Stufe: SuS suchen im Klassenzimmer verteilte Abbildungen des Objektes. Begrifflich-abstrakte Stufe: jeweils begleitend durch permanente Versprachlichung (Das ist ein/e .../Ich habe ein/e ... gefunden). Einzelheitliche Erfassung – Teil I (Analyse): Handelnd-aktive Stufe: SuS suchen aus verschiedenen Gegenständen das Objekt heraus, begründen, warum es sich um das gesuchte Objekt handelt: Weil es ... hat. Bildlich-darstellende Stufe (optional): gleiches Verfahren mit Bildkarten Begrifflich-abstrakte Stufe: jeweils begleitend durch permanente Versprachlichung (Das ist ein/e ..., weil es ... hat.), dadurch erfolgt eine erste Begriffsbelegung der Einzelteile durch die SuS.

Tab. 5.7: Methodisches Modell Objekterkundung – Fortsetzung

	Einzelheitliche Erfassung – Teil II (Von der Analyse zur Synthese): SuS zerlegen – wenn möglich – das Objekt, ordnen die einzelnen Teile einer entsprechenden Abbildung (Bildkarte) zu, lesen (evtl. mit Hilfe) auf der Rückseite den korrekten Namen des Einzelteils. Die SuS bauen das Objekt wieder zusammen.
Sicherung	L zeigt Bildkarte, SuS zeigen das entsprechende Teil an »ihrem« Real-Objekt, benennen es, SuS kombinieren im TA die Teile eines Modells, benennen die Einzelteile, fügen Wortkarten hinzu. Optional: spielerische Übungen zur Festigung der Begriffsbelegung der Einzelteile Einzelarbeit: AB, auf dem nochmals Einzelteile und Wortkarten einander zugeordnet werden Einzelne SuS bearbeiten Differenzierungsaufgaben
Vertiefung (optional)	Fachwissenschaftliche Aspekte: Kommen hier wissenschaftliche Basiskonzepte zum Tragen (ähnlich wie bei der Handlungseinheit)? Sind diese auf andere Objekte übertragbar?
Abschluss	Beantwortung der Ausgangsfrage. Verwendung des Objektes in einem lebensnahen Zusammenhang im Kontext der Fragestellung der Stunde.

Auch bei der Objekterkundung kann – ähnlich wie bei der Handlungseinheit – die Phase der Vertiefung genutzt werden, um von der Aktivität des Erkundens her weiterführende Aspekte und Sachverhalte auszuleuchten, innerhalb derer das Objekt zu verorten ist. So kann eine erkundete Taschenlampe als erstes Beispiel eines Stromkreises erlebt werden (vgl. Häußler 2015, 95 ff.), ein elektrisches Gerät kann mit anderen dahingehend verglichen werden, dass auch diese einen Schalter und ein Gehäuse besitzen. So wird in dieser Phase die Ebene des aufbauenden mit der des fachbezogenen Lernens verknüpft.

5.4 Die Ebene des fachbezogenen Lernens – Die sozialwissenschaftliche Perspektive

5.4.1 Inhalte der sozialwissenschaftlichen Perspektive

Aufbau eines Selbstkonzepts

Wer bin ich? Wie bin ich? Wie gehe ich mit anderen um? Wie verhalte ich mich in bestimmten Situationen? Warum muss ich mich anderen manchmal unterordnen? Die sozialwissenschaftliche Perspektive des Sachunterrichts hat die Auseinandersetzung mit der eigenen Person sowie das Erleben und Handeln in sozialen Kontexten zum Gegenstand. Dies ist als soziales Lernen eine Grundaufgabe allen Unterrichts für Schülerinnen und Schüler mit geistiger Behinderung. Hier zeigt sich einmal mehr, in welch engem Zusammenhang die Fachperspektiven des Sachunterrichts mit grundlegenden, entwicklungsbezogenen Erziehungs- und Bildungsaufgaben stehen.

Zum sozialen Lernen gehört für die Schülerschaft im FgE zuallererst der Aufbau eines Selbstkonzepts als »Sichtweise über die eigene Person« (Schuppener 2005, 65) sowie als Grundlage sozialen Handelns.

Das Selbstkonzept stellt die individuelle Ausgestaltung des Person-Umwelt-Bezugs dar und beinhaltet die Erkenntnis des Individuums, dass es als Ganzheit in der Interaktion mit der Umwelt und gleichzeitig von dieser abgehoben existiert. Es stellt damit die Gesamtheit der Sichtweisen dar, die eine Person von sich selbst ausgebildet hat. Dazu gehören das Selbstwertgefühl (Betonung des affektiv-evaluativen Gehalts als Selbstwertschätzung und Selbstakzeptierung) und die Selbsteinschätzung (kognitiv und affektiv). Zunächst prägen (sichtbare) Eigenschaften das Selbstkonzept (Größe, Alter, Augenfarbe, Hobbys – hier setzt das unten aufgeführte Unterrichtsbeispiel an), dann vergleichen sich Kinder in ihren Merkmalen zunehmend mit anderen (ich bin größer als ...) und haben darüber die Möglichkeit, sich selbst zunehmend realistisch einzuschätzen. Die Schwierigkeit von Aufgabenstellungen kann immer besser unabhängig von den eigenen Fähigkeiten zu ihrer Bewältigung beurteilt werden – eine Aufgabe ist dann nicht mehr deswegen schwierig, weil man selbst nicht die Fähigkeit hat, sie zu bewältigen, sondern eine objektive Einschätzung ihres Schwierigkeitsgrades ist möglich.

Bei Kindern ohne intellektuelle Beeinträchtigung folgt die Entwicklung des Selbstkonzepts gewöhnlich einem relativ festen Verlauf (vgl. Miessler, Bauer & Thalmeier 1986, 40 ff.). Es wird im Lauf der Zeit modifiziert durch Selbstbeobachtung und Selbstbeurteilung, Einschätzungen anderer Personen sowie Interpretationen der Beziehungsangebote wichtiger Bezugspersonen.

Offenbar haben Kinder und Jugendliche mit geistiger Behinderung ein vergleichsweise weniger differenziertes Selbstkonzept (Hofmann 2001, 320). Dies kann auch in den Reaktionen ihrer Umwelt begründet liegen, wenn dem Kind – wie bereits im Zusammenhang mit problemlösendem Lernen dargestellt – ständig Entscheidungen abgenommen und Schwierigkeiten aus dem Weg geräumt werden. (Sach-) Unterricht im FgE muss hingegen auf die stete Förderung eines »Selbst-Seins« (Pfeffer 1982) abzielen und eine Haltung der Eigenständigkeit fördern, indem Schülerinnen und Schüler immer wieder in für sie lebensweltlich bedeutsame und herausfordernde Situationen gebracht werden, in denen sie sich zu eigenständigen Positionen und selbstständigem Handeln veranlasst sehen. Dies setzt nicht zuletzt eine dem Anderen Freiräume eröffnende Grundhaltung der Lehrkraft voraus. Für fatal halte ich in diesem Zusammenhang die inflationäre Verbreitung sog. »Schulbegleiter« und »Individualhelfer« an Schulen mit dem FgE. Ihre Anwesenheit mag in dem ein oder anderen Fall hilfreich sein, häufig verhindert sie aber meiner Beobachtung nach Eigenständigkeit und Selbstständigkeit.

Letztlich geht es darum, Schülerinnen und Schülern zu ermöglichen, sich als eigenständige Persönlichkeit zu erleben, wobei Eigenständigkeit noch eine andere Qualität hat als Selbstständigkeit. Selbstständigkeit zielt auf die Selbstständigkeit des Handelns ab, während Eigenständigkeit eher auf das spezifische So-Sein einer Person verweist.

Soziale Situationen

Dieser Bereich des Sachunterrichts befasst sich mit dem Miteinander der Menschen, die in sozialen Bezügen leben und handeln und sich entsprechend verständigen. Soziale Situationen, ihre Qualität und konkrete Ausgestaltung sind in geplanter und systematischer Form Gegenstand des Sachunterrichts im FgE. Sozialkundlicher Unterricht wird demnach bei den Grundlagen sozialen Verhaltens ansetzen, diese zunächst aufbauen, als Fundament für das Erlernen komplexer sozialer Kompetenzen nutzen sowie soziales Lernen ähnlich systematisch planen und gestalten wie das Lernen in anderen Lernbereichen auch. Soziale Situationen werden nachempfunden und reflektiert, das Miteinander im Klassenzimmer wird ebenfalls Gegenstand der unterrichtlichen Reflexion.

Im Grunde beginnt dies bei elementaren kommunikativen Akten, greift weiterhin grundlegende soziale Alltagssituationen auf und mündet schließlich in die Auseinandersetzung mit aus dem Zusammenleben der Menschen

5.4 Die Ebene des fachbezogenen Lernens – Die sozialwissenschaftliche Perspektive

entstehenden Einrichtungen und Ordnungen, die unter Begriffen wie Politik und Gemeinwohl zu fassen sind.

All diese Fragen betreffen Kinder und Jugendliche mit geistiger Behinderung, welche in Bezug auf soziale Erfahrungen häufig benachteiligt sind (Speck 2005, 118). Freundschaften über den Rahmen der Schule hinaus zu schließen oder zu pflegen ist für sie schwierig. Gleichzeitig sehen sie sich in ihrer Umwelt mit einer Vielzahl an Regelungen und Normen konfrontiert. Sachunterricht setzt unter dieser Perspektive bei den Lernenden selbst an und den sozialen Situationen, die sie im häuslichen Umfeld, in der Schule und in der Öffentlichkeit vorfinden.

Definiert man »Situation« als momentane innere und äußere Lage des handelnden Menschen, so ist die zentrale fachdidaktische Zielsetzung im sozialkundlichen Bereich soziale Kompetenz, also die Fähigkeit, in sozialen Bezügen adäquat zu handeln und zu kommunizieren, dabei sich selbst im Blick zu haben und den Anderen in angemessener Weise entgegenzutreten. Dabei zeigen sich soziale Bezüge

- als Beziehung zu den Menschen in der eigenen unmittelbaren Umgebung (Familie, Freunde, Bezugspersonen des Alltags)
- als öffentliches Leben mit seinen staatlichen und nicht-staatlichen Einrichtungen (Polizei, Versorgungseinrichtungen, Geschäfte, Infrastruktur)
- als institutionalisierte Gemeinschaft (z. B. in der Schule, in einem Verein)
- als politisches Ordnungssystem mit seinen Einrichtungen auf verschiedenen Ebenen.

Auswahlkriterien für elementare soziale Situationen in Bezug auf Kinder und Jugendliche mit geistiger Behinderung können dann die Durchschaubarkeit und Einfachheit des dargestellten Verhaltens bzw. der Situation, abhängig von den spezifischen Lernvoraussetzungen, die generelle oder aktuelle Bedeutsamkeit des sozialen Sachverhalts bzw. Problems sowie die mögliche Übertragbarkeit der Lösungsmuster oder Handlungsstrategien auf andere Situationen (Exemplarität der Situation) sein.

Die in diesen Situationen zu entwickelnden sozialen Kompetenzen sind in der Summe dabei mehr als angepasstes Verhalten, sie bestehen vielmehr aus beiden Seiten, Integration (Anpassung an soziale Gruppen) und Autonomie (selbstbehauptende Fertigkeiten), die ausbalanciert werden müssen. Holtz (1994, 143) beschreibt deshalb sozial kompetentes Verhalten als gelungenen Kompromiss zwischen Selbstverwirklichung (z. B. Unabhängigkeit und Selbstbestimmung) und sozialer Anpassung (Zugehörigkeit, Verantwortung) und merkt zudem an, dass »... Kompetenzen auf einer Altersstufe sich als inkompetentes Verhalten auf einer anderen Altersstufe (im Sinne einer möglichst günstigen Entwicklung) erweisen können ...« (ebda). So zeigt ein Säugling, der schreit, um seine Bedürfnisse nach Nahrung oder Zuwendung zu äußern, kompetentes Verhalten, während das gleiche Verhalten bei einem älteren Kind als inkompetent wahrgenommen wird.

Die Förderung sozialer Kompetenz(en) ist bei Schülerinnen und Schülern mit geistiger Behinderung, die häufig auch Förderbedarf im sozial-emotionalen Bereich haben, ein wichtiger Erziehungsaspekt, der als Prinzip den Unterrichtsalltag durchziehen muss.

In der Schule machen Kinder und Jugendliche als Teil einer Gemeinschaft von Anfang an soziale Erfahrungen und müssen lernen, sich in diese Gemeinschaft einzufügen, aber auch sich in ihr zu behaupten. Aus diesem Grund ist das Miteinander nicht nur Gegenstand des Unterrichts, Sozialerziehung ist vielmehr ein wichtiges Unterrichtsprinzip und ein Schwerpunkt pädagogischen Handelns, welches sich auch im Sachunterricht in vielfältigen Formen realisieren lässt.

Institutionalisierte Formen der Sozialerziehung im Klassenunterricht geben den Schülerinnen und Schülern Sicherheit und Halt. Hierzu können gemeinsam erarbeitete, visualisierte und immer wieder reflektierte »Klassenregeln« gehören, welche die Art und Weise des Umgangs miteinander definieren und Verhaltenserwartungen formulieren, Rituale, die Sicherheit geben, sowie ein Klassenrat, in dem Formen der Auseinandersetzung eingeübt und praktiziert werden können.

Sozialerziehung ist ebenso durch Sozialformen des Unterrichts möglich, wenn Schülerinnen und Schüler lernen, in Partner- und Gruppenarbeit zusammenzuarbeiten (vgl. Häußler 2015, 147 ff.).

Von größter Bedeutung ist die Person der Lehrerin bzw. des Lehrers als Vorbild. Diese prägt durch ihr erzieherisches Verhalten (positives Verstärken, Loben, Ignorieren, Grenzen setzen) und ihren Erziehungsstil (Zugewandtheit, Wohlwollen, Zuversicht, Ermutigung) ganz wesentlich die soziale Atmosphäre in der Klasse.

Darüber hinaus können Fragen des Zusammenlebens jedoch auch in den Mittelpunkt eigener Unterrichtsvorhaben und -einheiten gestellt werden. Die dort gemachten Erfahrungen können dann ausgeweitet werden über die Erkundung öffentlicher Einrichtungen hin zu sozialwissenschaftlichen Begriffen und Konzepten wie Repräsentation, politische Entscheidungen und Gemeinwohl. Diese werden, ebenfalls von den Erfahrungsmöglichkeiten der Schülerinnen und Schüler in ihrer näheren Umgebung zu Hause, in der Schule oder durch die Medien ausgehend, exemplarisch beleuchtet (z. B. anlässlich einer Klassensprecherwahl).

5.4 Die Ebene des fachbezogenen Lernens – Die sozialwissenschaftliche Perspektive

Politisches Lernen

Schülerinnen und Schüler mit geistiger Behinderung nehmen Politik über die Medien, in der Öffentlichkeit oder der eigenen Familie wahr. Die Wahlsendung im Fernsehen, der Besuch der Bürgermeisterin in der Schule bei der Einweihung der neuen Turnhalle oder eine politische Diskussion im heimischen Wohnzimmer können erste Berührungspunkte mit politisch geprägten Sachverhalten sein. Hieran kann politisches Lernen anknüpfen und zur Auseinandersetzung mit politischen Sachverhalten und (Fach-) Begriffen anregen (vgl. Götzmann & Weißeno 2015, 16).

Wichtig ist hierbei, dass für die Begriffsbildung der »definitorische Kern« (Richter 2019, 69) im Sinne einer Sachanalyse geklärt und im Unterricht an Beispielen verdeutlicht wird. Dazu sind Schritte der Elementarisierung bzw. Reduktion nötig, wenn etwa ein komplexes Konzept wie »Demokratie« darauf reduziert wird, dass hier Herrschaft vom Volk bzw. von den Wählenden ausgeht.

Im Rahmen der Schule und des Schullebens begegnen Kinder und Jugendliche mit geistiger Behinderung politischen Grundkonzepten wie Demokratie, Repräsentation und Wahl etwa im Bereich der Schülermitverantwortung, wenn Klassen- und Schülersprecherinnen gewählt werden, die in bestimmten Belangen und Gremien (Schulforum) ihre Mitschülerinnen und Mitschüler vertreten (vgl. Schütte & Schlummer 2019). Die entsprechenden Wahlverfahren im Unterricht näher zu beleuchten und mit der »großen« Politik zu vergleichen, kann ein lohnendes Unterfangen sein. Eine Unterrichtssequenz zum Thema »Wir wählen unsere/n Klassensprecher/in« könnte sich etwa folgendermaßen darstellen:

- Welche Aufgaben hat ein/e Klassensprecher/in? (Erarbeitung anhand eines Fallbeispiels in einer szenischen Darstellung)
- Eine Schülersprecherin erzählt: Das sind meine Aufgaben in unserer Schule.
- Klassensprecher/in – Würde mir das gefallen? (Arbeit mit einem Selbsteinschätzungsbogen)
- Wie stimmt man eigentlich ab? Wie funktioniert eine Wahl (Erprobung/Simulation)
- Wir wählen unsere/n Klassensprecher/in.

Während der Akt des Wählens häufig mit Personen in Zusammenhang gebracht wird, ist die Abstimmung eher mit allgemeinen politischen Entscheidungsfindungen verknüpft (vgl. Pech & Kallweit 2015). Auch hier können demokratische Entscheidungsprozesse in den Unterricht integriert werden, wenn etwa über die Klassenlektüre, ein abschließendes Ballspiel im Sportunterricht, einen vor den Ferien anzusehenden Film oder aber über das Ziel des Wandertags diskutiert und abgestimmt wird. Der Aspekt der Diskussion verweist dabei auf den Deutschunterricht, wo im Bereich »Sprechen und Zuhören« entsprechende Gesprächsformen angebahnt werden können.

Der Unterschied zwischen offener und geheimer sowie der Abstimmung mit einer oder der gewichteten Abstimmung mit mehreren Stimmen (Bepunkten von Alternativen) kann herausgearbeitet werden. Eine wichtige Frage ist, wie sich nach einer Abstimmung die unterlegene Minderheit verhält. Auch dies könnte man anhand einer szenischen Darstellung im Rollenspiel (s.u) erproben und diskutieren:

Spielszene »Abstimmung«
Die Klasse stimmt im Sportunterricht ab, ob sie zum Ende der Stunde Fußball oder Korbball spielen will.
Die Mehrheit stimmt für Fußball.
Emil, der für Korbball gestimmt hat, will nicht mitspielen. Er sagt: »Ist mir doch egal, was die anderen wollen. Ich habe für Korbball gestimmt.«
Anton sagt: »Du musst mitmachen. Wir haben abgestimmt und was die Mehrheit will, wird gemacht.«

Die Szene könnte unter folgenden Fragestellungen reflektiert und durchgespielt werden:
Findest du, dass Emil recht hat? Begründe deine Meinung! Findest du, dass Anton recht hat? Begründe deine Meinung! Wie soll sich Emil jetzt verhalten (mitmachen, Auszeit nehmen, ...)? Was sollen die anderen Kinder tun? Was könnte die Lehrerin tun?

Eingebettet in den Themenbereich Gemeinwohl ist das Konzept der Gerechtigkeit – hier überschneiden sich politisches Lernen und Ethik. Auch wenn Gerechtigkeit ein komplexer Begriff ist (vgl. Schauenberg 2015, 65), so haben Kinder und Jugendliche doch meist ein sehr genaues Sensorium dafür und sind in ihrem Alltag damit in vielfacher Weise bei Fragen der Gleichbehandlung und Gleichverteilung konfrontiert.

Eine Grundfrage im Sachunterricht für Schülerinnen und Schüler mit geistiger Behinderung könnte in diesem Zusammenhang sein, ob Gerechtigkeit und Gleichheit einander entsprechen: Ist es gerecht, wenn alle gleich behandelt werden (Beispiel 1)? Das die Schülerinnen und Schüler existentiell betreffende Thema »Behinderung« könnte man in diesem Zusammenhang ebenfalls aufgreifen (Beispiel 2).

5.4 Die Ebene des fachbezogenen Lernens – Die sozialwissenschaftliche Perspektive

Spielszenen »Gerechtigkeit«
Beispiel 1: Lea ist neun Jahre alt, ihr Bruder Max vier. Max muss jeden Tag um 19 Uhr zu Bett gehen. Er beschwert sich, es sei ungerecht, dass Lea immer bis 21 Uhr aufbleiben dürfe.

Beispiel 2: Leon ist im Fußballverein. Wegen einer Behinderung kann er nicht so schnell laufen. Er und sein Teamkollege Frederick wollen beim nächsten Spiel die Linksaußenposition besetzen. Der Trainer sagt: Ich nehme den, der schneller läuft. Frederick ist mein Linksaußen.

Auch hier bietet sich der fächerübergreifende Bezug zum Deutschunterricht, ebenso aber zum Ethikunterricht an. Die Schülerinnen und Schüler lernen, ihre Meinung zu äußern und zu begründen. Sie setzen einen Sachverhalt in Beziehung zu persönlichen Erfahrungen und leiten hiervon ausgehend eine eigene Meinung ab, wobei sie verschiedene Sichtweisen (z. B. Pro- und Kontra-Argumente – vgl. Richter 2019, 79) unterscheiden und als Grundlage für die eigene Meinungsbildung bewerten. Sie wenden dabei standardisierte und eingeübte Satzeinstiege (z. B. »Ich finde, dass ...«, »Meiner Meinung nach ...«) an und achten auf eine höfliche und sachliche Gesprächsatmosphäre.

Beide Fälle können mit einer szenischen Darstellung im Rahmen einer Darstellungseinheit (s. u.) verknüpft werden, in der die Ausgangssituation vorgestellt wird und verschiedene im Gespräch oder einer Pro- und Contra-Diskussion erarbeitete Handlungsoptionen erprobt werden.

5.4.2 Lernaktivitäten im Rahmen der sozialwissenschaftlichen Perspektive

Lernaktivitäten in Bezug auf das Selbstkonzept

Folgende Lerntätigkeiten ermöglichen den aktiven Aufbau eines Selbstkonzepts (vgl. Miessler, Bauer & Thalmeier ³1986, 54 ff.).
Erkennen »Das bin ich!« durch Zuordnen und Vergleichen:
Hierzu gehören der eigene Name, mit dem das Kind angesprochen wird, sein Aussehen und seine Körperlichkeit, sein »Besitz« im Klassenzimmer, der mit diesem oder einem ihm zugeordneten Symbol gekennzeichnet ist (der Kleiderhaken, ein Fach, die Kiste mit seinen Arbeitsmaterialien, sein Namensschild in der Tafel der Klassendienste) und das Respektieren desselben durch Lehrkraft und Mitschülerinnen und Mitschüler. Zentrale Lernaktivitäten sind hier das »Zuordnen« von Dingen und Eigenschaften zur eigenen Person sowie das

Artikulieren dieser Zugehörigkeit (Ich bin .../Ich heiße .../Mir gehört .../Mein Symbol/Bild ist ...). Im Unterricht können Identitätsmerkmale auf verschiedene Weise thematisiert werden: Zum einen in eigenen Unterrichtsstunden, in denen Aspekte der Individualität im Mittelpunkt stehen (s. u. das Unterrichtsbeispiel »Mein Gesicht«). Realisiert werden können sie aber auch als Unterrichtsprinzip in alltäglichen Situationen oder durch die Gestaltung eines »Ich-Tages« oder einer »Ich-Woche«, bei denen jeweils eine Schülerin oder ein Schüler im Mittelpunkt steht. Dabei werden Persönlichkeitsaspekte wie Name, Aussehen, Geschlecht, persönlicher Besitz oder die eigene Nationalität hervorgehoben. Letztlich zählt hierzu auch die eigene Lebensgeschichte (▶ Kap. 5.7 zur historischen Perspektive des Sachunterrichts) mit ihren Abschnitten und Stationen, welche in einer Übersicht mit Fotos dargestellt und so geschildert werden kann. Zu einer bewussten Wahrnehmung des eigenen Ich gehört es auch, Emotionen wahrzunehmen und zu benennen: Freude, Glück, Liebe, Trauer, Enttäuschung, Angst – die Palette an Gefühlen, welche Kinder und Jugendliche durchleben, ist groß. Nach deren Wahrnehmung ist es ein wichtiges Anliegen, sie mit passenden Begriffen zu beschreiben oder durch Symbole zu visualisieren. Gegensätzliche Gefühlsqualitäten können in Abhebung voneinander beschrieben und so verglichen werden (So sehe ich aus, wenn ich fröhlich/traurig bin – welche Unterschiede können wir erkennen?). Es wird der Frage nachgegangen, durch welche Situationen oder Ereignisse Gefühle ausgelöst werden, und auch der Umgang mit diesen Gefühlen will gelernt sein (Was kann ich tun, wenn ein Freund mich enttäuscht hat, gemein zu mir war?).

Selbstständig handeln:
Dies sollte Grundprinzip des Unterrichts sein, insbesondere des Sachunterrichts. Wo immer es möglich ist, müssen Schülerinnen und Schüler mit geistiger Behinderung die Möglichkeit haben, Aufgabenstellungen möglichst selbstständig zu bewältigen, Fragen zu stellen, die dazugehörigen Antworten zu finden und Probleme zu lösen. Das bedeutet nicht, dass die Lehrkraft nicht auch einmal etwas vorzeigt, erklärt oder gemeinsam mit den Schülerinnen und Schülern durcharbeitet. Anschließend aber braucht es entsprechende Freiräume, in denen Gelerntes angewandt und auf neue Situationen übertragen wird. Dazu gehört auch, die Auswahl von Inhalten an den Lernvoraussetzungen und der Lebenssituation der Schülerinnen und Schüler auszurichten, so dass die Auseinandersetzung mit ihnen zur Persönlichkeitsentwicklung beiträgt und diese sich in zentralen Lebensfragen und -bereichen als kompetent, eigen- und selbstständig erfahren können.

Eigenständig und selbstverantwortlich handeln:
Hier geht es darum, Kindern und Jugendlichen zu ermöglichen, Wünsche zu äußern oder Ablehnung bzw. Zustimmung zu signalisieren, aber auch um das

5.4 Die Ebene des fachbezogenen Lernens – Die sozialwissenschaftliche Perspektive

Kennen und Artikulieren der eigenen Bedürfnisse, die Reflexion über deren Notwendigkeit und Erfüllbarkeit. Dies gilt schon für elementare Situationen der Versorgung und Pflege, wenn die Wahl zwischen verschiedenen Speisen oder als angenehm erlebten Pflegeprodukten ermöglicht wird. Dabei können Maßnahmen der Unterstützten Kommunikation hilfreich sein. Ein weiterer Schritt ist das Vertreten eines eigenen Standpunkts, einer eigenen Meinung gegenüber anderen. Dies kann nicht nur Erziehungs- und Unterrichtsprinzip sein, sondern im Rahmen des unten vorgestellten Modells der Darstellungseinheit auch gezielt geübt werden. Ebenso gehört zum eigenständigen Handeln die Fähigkeit, sich wehren und Zumutungen zurückweisen zu können. Wie dies in gewaltfreier und für alle verständlicher Weise geschehen kann, lässt sich ebenfalls zum Thema des Unterrichts machen. Im selbstverantwortlichen Handeln ist auch das soziale Moment und das Handeln in sozialen Bezügen mit angelegt. Dazu können Regeln des Zusammenlebens in der Schule auch im Unterricht thematisiert, durchgearbeitet und in ihrer Bedeutung für das eigene Verhalten reflektiert werden. Sie müssen mit Inhalt gefüllt werden, wenn Kinder und Jugendliche sie als für sich verbindlich akzeptieren sollen.

Das als Illustration zum Thema skizzierte Unterrichtsvorhaben »Das ist mein Gesicht« ist vorstellbar in einer Grundschulstufe oder bei Schülerinnen und Schülern der Durchschnittsform der geistigen Behinderung in der Mittelschulstufe. Es kann in eine Sequenz zum Thema »Das bin ich« eingebettet sein, in deren Verlauf sich die Schülerinnen und Schüler mit der eigenen Persönlichkeit und deren Merkmalen auseinandersetzen, also wie hier dem eigenen Aussehen, Namen, Geschlecht, Nationalität und ggf. Aspekten der eigenen Lebensgeschichte (Ich als Baby, im Kindergarten, als Schulkind). Im Mittelpunkt steht als Sachinhalt das Gesicht mit Augen, Ohren, Mund und Nase. Da es sich um keine Biologiestunde handelt und nicht schwerpunktmäßig die Funktion der Sinnesorgane behandelt werden soll, sondern das *Aussehen des Gesichts* als unverwechselbares Merkmal der eigenen Identität, werden die Haare als Merkmal hinzugenommen, da sie den visuellen Eindruck eines Menschen entscheidend mitprägen, ihr Aussehen für die Schülerinnen und Schüler besonders leicht erfassbar und – beim Blick auf das Gegenüber und in den Spiegel – beschreibbar ist. Dies trifft auch auf die Benennung der Hautfarbe zu, weniger allerdings auf Mund, Nase und Ohren. Mit dem Blick auf das Gesicht bzw. den Kopf werden in zweierlei Hinsicht Reduktionsentscheidungen getroffen: Einmal entfallen Aspekte wie Wangen, Augenbrauen, Lippen etc. (sie könnten allerdings als Differenzierungsaspekt hinzugenommen werden). Würde zudem das Aussehen der Schülerinnen und Schüler als Ganzes in den Blick genommen, kämen Aspekte wie Körpergröße und -umfang sowie die Bezeichnungen aller sichtbaren Körperteile hinzu und die Stunde würde inhaltlich wesentlich komplexer. An diesem scheinbar simplen Beispiel wird deutlich, wie schwierig inhaltliche Entscheidungen im Sachunterricht häufig sind, wenn die Balance zwischen sachlicher Richtigkeit, begrifflicher Eindeutigkeit und den Lernvoraussetzungen auf Seiten der Schülerinnen und Schüler gehalten werden muss.

Tab. 5.8: Stundenbeispiel Selbstkonzept

Übergeordnete Lernaktivitäten:

Erkennen/Verstehen:

- Aussehen und Lage von Körperteilen erleben und benennen
- Körper im Abbild wahrnehmen
- Sich selbst Eigenschaften zuordnen
- Sich selbst mit anderen vergleichen

Kommunizieren/Zusammenarbeiten:

- Aufgabenteilung und Verständigung in der Sozialform Partnerarbeit

Umsetzen/Handeln:

- Abbildung erstellen

Evaluieren/Reflektieren:

- Versprachlichung von Vorerfahrungen, Vergleich mit dem Lernzuwachs nach Abschluss des Lernprozesses
- Überlegung, welche neuen Aspekte für die Sichtweise des eigenen Ich gewonnen wurden

Phasen	Unterrichtsverlauf	Did.-meth. Kommentar/Lernaktivitäten
Hinführung	Fotos der Gesichter der SuS werden in Streifen geschnitten an der Tafel aufgehängt/auf dem smartboard eingeblendet, einzelne Streifen bzw. Teile wurden jedoch vertauscht. SuS protestieren, benennen Fehler. *Zielangabe:* Wir bringen jetzt mal Ordnung in dieses Durcheinander. Dazu müssen wir sehen, wie unser Gesicht genau aussieht und sich von anderen Gesichtern unterscheidet.	Vorwissen aktualisieren Intention: konkret-sinnliche Wahrnehmung ermöglichen, Begriffe sichern, Basis für Weiterarbeit schaffen, übereinstimmende Teile des Gesichts identifizieren Schaffung einer Frage-/Problemstellung Klare Zielsetzung

5.4 Die Ebene des fachbezogenen Lernens – Die sozialwissenschaftliche Perspektive

Tab. 5.8: Stundenbeispiel Selbstkonzept – Fortsetzung

Erarbeitung	• Ich kenne die Teile meines Gesichts SuS erhalten die Streifen ihrer Gesichter ungeordnet, sortieren und benennen diese und vergleichen die Abbildungen mit Hilfe des Handspiegels mit ihrem Gesicht.	Erkennen/Verstehen: Lernaktivität »Zuordnen« – Sichtbare Eigenschaften als Teil des Selbstkonzepts
	• Jedes Gesicht sieht anders aus PA: L zeigt auf ein Symbol an der Tafel, ein S betrachtet den entsprechenden Teil seines Gesichts in einem Handspiegel, dann beim Partner. Anschließend tauschen sie. SuS verbalisieren: Meine Augen sind blau, die Augen von xy sind braun.	Lernaktivität »Vergleichen«
Sicherung	EA: SuS kleben die Fotostreifen ihres Gesichts auf ein Plakat, schreiben ihren Namen dazu/heften Wortkarte an.	Lernaktivität »Zuordnen«
Vertiefung	Optional: Wir verändern unser Gesicht (Sonnenbrille aufsetzen, Schnurrbart ankleben, evtl schminken) – vergleichen es mit unserem Foto.	Handeln/Umsetzen – Reflektieren Lernaktivität »Vergleichen«
Abschluss	SuS zeigen ihr Bild, äußern sich (freiwillig) dazu.	
Differenzierungsangebote für leistungsstarke SuS:	Benennen weiterer Teile des Gesichts (Backen, Lippen, Augenbrauen)/Malen des Gesichts/Beschriften der Abbildungen.	
Differenzierungsangebote für umfassend behinderte SuS:	Erleben der Teile des Gesichts durch Berührungen, Eincremen, Pflegehandlungen.Sich-Betrachten mit Unterstützung im Handspiegel. Aussehen und Lage der Körperteile erleben und ggf. benennen, indem sie diese selbst mit den Händen berühren. Erfahren in Interaktionsspielen oder Pflegehandlungen, dass die Körperteile einen Namen haben (z. B. »Ich putze dir jetzt die Nase. Hilfst du mit?«). Zeigen die Körperteile (z. B. an sich selbst, an anderen, an Puppen).	

5 Die Konzeption des Plan-Quadrats für den Sachunterricht im FgE

Lernaktivitäten in Bezug auf soziale Situationen und politisches Lernen

Eine Möglichkeit, soziale Situationen und politisches Lernen unterrichtlich zu realisieren, bietet die sog. Darstellungseinheit (vgl. Häußler 2015, 241 ff.). Im Mittelpunkt dieses Unterrichtsmodells steht die szenische Darstellung einer Situation, verknüpft mit der Absicht

- Einsichten in soziale und politische Zusammenhänge zu gewinnen
- Sensibilität bei der Beobachtung und Beurteilung des Verhaltens Dritter zu entwickeln
- soziale Verhaltensweisen einzuüben sowie sich mit Regeln und Normen auseinanderzusetzen
- Selbstständigkeit und Sicherheit im Verhalten gegenüber anderen zu erlangen.

Entscheidend ist, dass die szenische Darstellung einer Reflexion unterzogen wird. Das dargestellte und beobachtete Verhalten wird beurteilt, ggf. werden Verhaltensalternativen gesucht. Diese werden dann – wenn möglich – ebenfalls szenisch gefasst, beide Darstellungen werden einander gegenübergestellt, unterschiedliche Aspekte argumentativ gegeneinander abgewogen. Damit sind Darstellen, Argumentieren und Reflektieren in diesem Zusammenhang die zentralen Lernaktivitäten.

Das im Mittelpunkt stehende szenische Spiel bedarf der sorgfältigen Planung und Gestaltung, da es die einzige wirkliche Handlungsoption der Schülerinnen und Schüler darstellt, gleichzeitig aber als nur bedingt vorhersehbare Situation von großer Offenheit geprägt ist.

In einer »Warming-Up-Phase« zu Beginn der Stunde stimmen sich die Schülerinnen und Schüler auf das Rollenspiel ein und arbeiten an grundlegenden »schauspielerischen« Kompetenzen (vgl. hierzu vertiefend Wenzel/ Bierwirth 2017).

Als Hilfe zur besseren Identifikation mit der darzustellenden Figur kann man zu Beginn des Spiels deren Lebensumstände anhand eines einfachen, mit Bildern und/oder knappen schriftlichen Informationen gestalteten »Steckbriefs« monologisieren lassen, auf dem sich wichtige Angaben zur Person finden z. B. das Alter der Figuren oder ihre Charaktere (»Ich heiße …, ich bin … Jahre alt, wohne in …, am liebsten mag ich …«). Einfache Requisiten und verschiedene Medien, z. B. Verkleidungen, Namensschilder, etc. erleichtern Spielern und Zuschauern Zugänge zum Spiel.

Spielfläche und Zuschauerraum sollten getrennt sein, z. B. mit einem Kreidestrich oder einer Schnur, so dass man sich mit einem Schritt bewusst in

5.4 Die Ebene des fachbezogenen Lernens – Die sozialwissenschaftliche Perspektive

die Spielsituation begibt, sie aber ebenso bewusst wieder hinter sich lässt und vom Spieler zum Zuschauer bzw. Beobachter wird. Eine Filmklappe, wie sie bei Dreharbeiten verwendet wird, kann Beginn und Ende der Spielsituation markieren.

Für die Spielphasen werden Regeln und Abläufe erarbeitet und auf einem Plakat grafisch dargestellt, welches während der Rollenspielsituationen gut sichtbar im Klassenzimmer hängt. Folgendes kann vereinbart werden:

- Ich lache niemanden aus.
- Wenn die anderen spielen, höre und sehe ich aufmerksam zu.
- Die Filmklappe sagt mir, wann das Spiel beginnt und endet.
- Wenn ich gespielt habe, bin ich wieder ich selbst.

Insgesamt stellt dieses Unterrichtsmodell hohe Anforderungen an alle Beteiligten. Diese beziehen sich auf die Ausdrucksfähigkeit in Mimik, Gestik und Sprache, auf das Problem- und Symbolverständnis (Sobald ich in ein bestimmtes Kleidungsstück schlüpfe, bin ich eine andere/fiktive Person) und Reflexionsvermögen. Zudem spielt das Unterrichtsgespräch eine zentrale Rolle, welches entsprechendes Sprachverständnis und Sprachperformanz erfordert. Die Lehrkraft strukturiert dies durch moderierende Einschübe, wenn sie wichtige Ergebnisse zusammenfasst und weiterführende Impulse setzt – was hohe Aufmerksamkeit und Flexibilität erfordert. Unter Umständen können wichtige Sachverhalte (etwa bestimmte Verhaltensmerkmale) an der Tafel bildlich oder in knapper Form auch schriftlich zusammengefasst werden.

Denkbar ist ein schrittweiser Aufbau der Rollenspielfähigkeit im Rahmen einer Unterrichtssequenz:

Tab. 5.9: Aufbau von Rollenspielfähigkeit

	Schwerpunkt	Umsetzungsmöglichkeiten
1.	Übungen zur Körpersprache Pantomime	Simultanspiele: Alle gehen wie ein müder SuS/Alle gehen ganz traurig/Alle gehen fröhlich und beschwingt Simulationsspiele: Ausdrücken und Erkennen von Gefühlen Ausführen von Pantomime bei der Darstellung von Begriffen, die auf Bildkarten vorgegeben werden (Spiel »Activity«/Scharade)
2.	Kleine Dialoge	Schülerinnen und Schüler unterhalten sich. Was ist in der Pause passiert? ... über das Mittagessen ... überreden einen Mitschüler zum Aufstehen von einem Stuhl

Tab. 5.9: Aufbau von Rollenspielfähigkeit – Fortsetzung

	Schwerpunkt	Umsetzungsmöglichkeiten
3.	Rollenspiel-Regeln	… werden gemeinsam erarbeitet, ein Plakat wird gestaltet (s. o.)
4.	Übungen zum Rollenspiel – vorgegebene Situationen	Spielsituation ist im Ganzen vorgegeben, z. B. durch eine Bildergeschichte (z. B. Ich sage »Stopp«, wenn ich etwas nicht will/Ich entschuldige mich/Reden statt schlagen/Gute Freunde hören zu) SuS verbalisieren ihre Rollenkarten SuS spielen die Geschichte nach Ggf. Beobachtungsaufträge zu bestimmten Aspekten Geeignet u. a. zum Einüben sozialer Handlungsmuster, die in ihrem Ablauf und ihren Elementen vorgegeben werden.
5.	Übungen zum Rollenspiel – offene Situationen	• Eine Situation ist nur in den Grundzügen vorgegeben • SuS verbalisieren ihre Rollenkarten • Ggf. arbeitsteilige Erarbeitung verschiedener Szenen und Handlungsoptionen, gegenseitiges Vorspielen

Im Mittelpunkt des Unterrichtsmodells »Darstellungseinheit« stehen demnach die übergeordneten Lernaktivitäten des Kommunizierens und des Reflektierens. Dies wird im folgenden Unterrichtsbeispiel deutlich, welches die Tugend der Höflichkeit thematisiert.

Höflichkeit als Umgangsform ist beinahe ein Synonym für gutes Benehmen, in dem Respekt und Achtung für den Anderen zum Ausdruck kommen. Dazu gehören »Bitte« und »Danke« zu sagen, zu grüßen, sich zu entschuldigen, gute Manieren insbesondere beim Essen zu zeigen, entsprechende Körpersprache und passende sprachliche Ausdrucksformen (etwa die Anrede »Sie« gegenüber Erwachsenen). Zentral ist auch Rücksichtnahme auf andere, welche sich im folgenden Unterrichtsbeispiel auf das Anbieten eines Sitzplatzes in der vollen U-Bahn bezieht.

Ausgangspunkt ist folgende, von der Lehrkraft als Hörszene mit verschiedenen Sprecherinnen und Sprechern vorab aufgezeichnete Situation:

Spielszene »Höflichkeit«
Erzähler: Frau Braun ist 75 Jahre alt und wohnt in Nürnberg in der Nähe des Nordostbahnhofs. Heute hat sie einen Arzttermin in der Stadt und will mit der U-Bahn zum Rathenauplatz fahren. Als die U-Bahn einfährt, sieht sie schon, dass sie sehr voll ist. Lauter Schüler, die von der Schule kommen. Frau Braun steigt ein: Kein Sitzplatz! O jeh, ob ich so lange stehen kann, denkt sie.

5.4 Die Ebene des fachbezogenen Lernens – Die sozialwissenschaftliche Perspektive

Gleich bei der Tür sitzen vier junge Mädchen. Sie gucken in ihre Smartphones. Frau Braun geht zu ihnen hin und sagt:

Frau Braun: Lasst mich bitte hinsetzen. Ich kann nicht mehr so lange stehen.
Erzähler: Die Mädchen schauen weiter auf ihre Smartphones. Dann endlich sagt eine:
Mädchen: Wir waren den ganzen Tag in der Schule und sind geschafft. Schauen Sie halt mal weiter hinten, vielleicht ist da noch ein Platz frei.

Tab. 5.10: Methodisches Modell Darstellungseinheit

Übergeordnete Lernaktivitäten:

Umsetzen/Handeln:

- Soziale Situationen/Verhalten darstellen

Kommunizieren/Zusammenarbeiten:

- In sozialen Situationen/Bezügen adäquat kommunizieren und handeln
- Konfliktlösungen diskutieren und praktizieren
- Pflichten und Regeln einhalten

Evaluieren/Reflektieren:

- Handlungsfolgen antizipieren
- Perspektivenwechsel vornehmen, sich in andere hineinversetzen
- Über soziales Handeln reflektieren, soziales Handeln bewerten

Phasen/ Ziele	Unterrichtsverlauf	Did.-meth. Kommentar/ Lernaktivitäten
Vorphase	»Warming-Up«	Übungen zur Rollenspielfähigkeit
Hinführung	Vorspielen der Hörszene (s. o.). SuS erzählen in eigenen Worten, L gibt evtl. Impulse (»Es gibt ein Wort für das Verhalten der Mädchen!«) oder nennt selbst die Begriffe »unhöflich/höflich«. L: Heute wollen wir uns einmal anschauen, was »Höflichkeit« eigentlich bedeutet und was man tut, wenn man höflich ist.	Schaffung der Ausgangssituation

Tab. 5.10: Methodisches Modell Darstellungseinheit – Fortsetzung

Erarbeitung	L: Hast du so etwas auch schon einmal erlebt – dass jemand unhöflich war? SuS berichten.	Aktualisierung von Vorwissen
	♦ Rollenspiel 1	Umsetzen/Handeln: Situationen darstellen
	Vorbereiten der szenischen Darstellung: »Bühne« wird vorbereitet. Rollenkarten werden verteilt. Darsteller erhalten Requisiten. Beobachtungsaufträge werden besprochen und ggf. Beobachtungs- und Bewertungskarten verteilt. SuS verbalisieren nochmals die »Spielregeln« anhand des Plakats. Die Szene wird (evtl. mehrmals, mit wechselnden Akteuren und Rollen) gespielt.	
Beurteilung FZ (2)	♦ Reflexion/Bewertung der Ausgangssituation	Reflektieren: Handlungsfolgen bewerten Perspektivenwechsel
	Wie ging es dir als ... SuS (Akteure und Beobachter) berichten. L fasst evtl. zusammen. Erarbeitung von Verhaltensalternativen, SuS machen Vorschläge.	Kommunizieren: Argumentieren
	♦ Rollenspiel 2	
	Optionen werden wie in Rollenspiel 1 szenisch aufbereitet.	
	♦ Reflexion/Bewertung der Handlungsalternativen	Reflektieren
	SuS vergleichen die Situationen (Was hat sich verändert?), bewerten das dargestellte Verhalten. Evtl. Reflexion zur Einhaltung der »Spielregeln« anhand des Plakats.	
Vertiefung	Was bedeutet »Höflichkeit«? Versuch einer »Definition«.	Erkennen/Verstehen
Abschluss	Worauf kannst du achten, wenn du im Schulhaus jemand höflich begegnen willst?	Reflektieren – Transfer

5.4 Die Ebene des fachbezogenen Lernens – Die sozialwissenschaftliche Perspektive

Mit diesem methodischen Modell können auch die in Kap. 5.4.1 (▶ Kap. 5.4.1) dargestellten Spielszenen zu den Themen »Abstimmung« und »Gerechtigkeit« aufbereitet und darüber die Auseinandersetzung mit grundlegenden politischen Konzepten angebahnt werden.

Lernaktivitäten der sozialwissenschaftlichen Perspektive auf den Ebenen des basalen und aufbauenden Lernens

Gerade an den Überlegungen zum Themenbereich Politische Bildung zeigt sich, dass die sozialwissenschaftliche Perspektive des Sachunterrichts für den FgE erhebliche Herausforderungen bereithält. Auch wenn auf Erfahrungen der Schülerinnen und Schüler in ihrer Alltagspraxis zurückgegriffen werden kann, ist doch Sprache das Hauptmedium des Unterrichts. Sachverhalte müssen benannt, Standpunkte formuliert und die Meinung von Anderen muss berücksichtigt werden. Auch beim Bezug auf Alltagssituationen ist bei deren Bearbeitung im Unterricht ein erhebliches Maß an Abstraktions- und Vorstellungsvermögen gefordert. Hinzu kommen soziale Kompetenzen, die für Diskussion und Rollenspiel nötig sind. Entsprechend den Prinzipien der Elementarisierung und Veranschaulichung müssen daher alle allgemeinen Sachverhalte, die der Unterricht thematisiert, an einer Situation aus dem Erfahrungsbereich der Schülerinnen und Schüler konkretisiert werden. Richter spricht bezogen auf den Zusammenhang von Sachunterricht und politischer Bildung von der »Brücke von der Lebenswelt zur Politik« (Richter 2019, 78). Formen der Auseinandersetzung damit (Diskussion, szenische Darstellung) bedürfen der sorgfältigen und strukturierten Einführung.

Eine weitere Schwierigkeit stellt in diesem Zusammenhang die innere Differenzierung gerade für Schülerinnen und Schüler mit umfänglichen Beeinträchtigungen der Kognition und Sprache dar. Für sie müssen in der Regel parallel basalere Formen der Kommunikation angeboten und ermöglicht werden. Entscheidet sich die Lehrkraft bei der Planung des Sachunterrichts für eine Thematik aus der sozialwissenschaftlichen Perspektive, so ist die Frage, wie auch die beiden anderen Planungsebenen, die basale und die aufbauende, mit den fachlichen Aspekten verknüpft werden können, nicht immer ganz einfach zu beantworten.

Auf der basalen Ebene können alle grundlegenden Lerninhalte etwa zum Selbstkonzept (s. o.) sowie Aspekte des In-Beziehung-Tretens im Rahmen sozialer Situationen aufgenommen werden. Entsprechende Lernaktivitäten sind dann:

- Die Anwesenheit von Personen wahrnehmen.
- Kontakt aufnehmen.

- Sich mit einer anderen Person gemeinsam mit einem Objekt beschäftigen.
- Verschiedene Situationen wahrnehmen.
- Den Weg in die Öffentlichkeit mit Unterstützung zurücklegen.

Die Ebene des aufbauenden Lernens kann insbesondere dann einbezogen werden, wenn Einrichtungen des öffentlichen Lebens anhand typischer Tätigkeiten und Abläufe in ihrer Funktionsweise veranschaulicht werden und die Schülerinnen und Schüler konventionelle Handlungsabläufe als Kundin, Patient, Nutzer von Dienstleistungen einüben (Besuch in der Arztpraxis, Abläufe an der Kasse des Supermarkts, Absetzen eines Notrufs, Kauf einer Fahrkarte am Automaten).

5.5 Die Ebene des fachbezogenen Lernens – Die naturwissenschaftliche Perspektive

5.5.1 Inhalte der naturwissenschaftlichen Perspektive

Naturwissenschaftliche Sachverhalte begegnen Schülerinnen und Schülern mit geistiger Behinderung in ihrer Lebenswelt auf Schritt und Tritt: Beginnend mit dem eigenen Körper, seinen Funktionen und Veränderungsprozessen über Pflanzen und Tiere hin zu physikalischen oder chemischen Phänomenen in ihrer Umwelt. Ein Curriculum der naturwissenschaftlichen Perspektive des Sachunterrichts kann demnach i. W. die folgenden inhaltlichen Aspekte aufweisen:

- Der eigene Körper und seine Funktionen (einschl. Fragen der Gesundheit sowie Familien- und Sexualerziehung)
- Belebte Natur: Tiere und Pflanzen in ihren jeweiligen Lebensräumen (Haus, Garten, Hof und Feld, Wiese, Wald, Wasser ...)
- Unbelebte Natur: Elektrizität, Magnetismus, Wärme, mechanische Erscheinungen (vgl. auch die technische Perspektive), Wasser, Luft, Wetter, Licht, Schall, Eigenschaften von Stoffen und Körpern wie z. B. Aggregatszustände, Brennbarkeit, Löslichkeit.

Anhand dieser Themen kommen Schülerinnen und Schüler mit geistiger Behinderung mit Phänomenen in Berührung, in denen sich »Konzepte« bzw. »Basiskonzepte« (GDSU 2013, 42 f.; Wodzinski 2011) der Naturwissenschaften

5.5 Die Ebene des fachbezogenen Lernens – Die naturwissenschaftliche Perspektive

spiegeln. Hier sind – auch mit Blick auf den Unterricht im FgE – in erster Linie zu nennen (Wodzinski 2011, 9 ff; Demuth & Rieck 2005):

- Das Konzept der Erhaltung, welches an Kreisläufen, Stoff- und Energieumwandlung oder Zuständen bzw. Zustandsänderungen ersichtlich wird. Dieses lässt sich für die Schülerinnen und Schüler folgendermaßen formulieren: »Auf der Welt geht nichts verloren« (Demuth & Rieck 2005, 3 ff.).
- Das Konzept der Energie als eine Bedingung für Naturvorgänge (Bewegung, Leben), die Umwandlung und Nutzung von Energie. Aus Schülersicht lässt sich die Aussage treffen »Nur mit Energie kann man etwas tun« (Demuth & Rieck 2005, 7 ff.).
- Das Konzept der Wechselwirkung (Zusammenhänge in Ökosystemen, Anpassung, Nahrungskette, Hebelwirkung), welches aus Schülersicht auf folgende Formel gebracht kann: »Dinge beeinflussen sich gegenseitig und bewirken Veränderungen« (Demuth & Rieck 2005, 10 ff.).
- Das Konzept des Lebens (Entwicklung, Fortpflanzung, Ernährung, Bewegung) (GDSU 2013, 43).

Auch hier ist der Grundgedanke – wie bei den Ausführungen zum Exemplarischen Prinzip –, dass Unterricht nicht nur auf den Erwerb einzelner Wissensbestände abzielt, sondern »auf den Gewinn wesentlicher Einsichten in die Natur des Lebendigen« (Zentel & Michaelys 2015, 89). Allerdings scheinen die naturwissenschaftlichen Basiskonzepte in Bezug auf den FgE in erster Linie als inhaltliche Orientierungshilfe für die Lehrkraft sinnvoll. Schülerinnen und Schüler sollten sich in einer induktiven Herangehensweise (vgl. Häußler 2015, 90) zunächst mit Einzelphänomenen auseinandersetzen, bevor von ihnen aus ein übergeordnetes Prinzip erschlossen wird. Manche Basiskonzepte wie etwa das Teilchenkonzept sind vermutlich sogar verwirrend und kontraproduktiv, wenn es gilt, naturwissenschaftliche Zusammenhänge für Schülerinnen und Schüler mit geistiger Behinderung – und nicht nur für diese – zu veranschaulichen (vgl. Wodzinski 2011, 11 ff.).

Anhand des Begriffs der »Anpassung« lässt sich der Umgang mit Basiskonzepten im naturwissenschaftlichen Sachunterricht verdeutlichen: Für Lernende im FgE geht es zunächst sicherlich in erster Linie um ein Kennenlernen und Zuordnen eines Tieres oder einer Pflanze zum entsprechenden Lebensraum, vertiefend kann jedoch beispielsweise das Phänomen der Angepasstheit immer wieder aufgegriffen werden. Keinesfalls macht es dabei Sinn, den Anpassungsbegriff als Fragestellung einer Sequenz zu wählen, etwa »Wie sind Tiere an ihre Umgebung angepasst?« Dies ist keine Frage, die sich Schülerinnen und Schülern mit geistiger Behinderung aus ihrer Lebenswirklichkeit heraus stellt (eher schon: Warum kann der Maulwurf so gut Gänge graben?). Vielmehr gilt es, ausgehend von der Beschäftigung mit einem Lebensraum (Wiese, Wald, Teich etc.) und den darin lebenden Pflanzen und Tieren auch immer wieder auf das Konzept der Angepasstheit zu kommen und Vergleiche zu bereits bekannten Formen der Anpassung bei anderen Lebewesen zu ziehen. Entscheidend ist letztlich im Sinne des Exemplarischen Prinzips, dass Einsichten in anschaulicher und vertiefter Weise an Einzelphänomenen gewonnen und auf induktivem Weg zu der allgemeinen Erkenntnis werden können, dass Tiere und Pflanzen an ihre natürliche Umgebung angepasst sind.

5.5.2 Lernaktivitäten im Rahmen der naturwissenschaftlichen Perspektive

Zur grundlegenden Bedeutung naturwissenschaftlicher Lernaktivitäten

Lernaktivitäten im Sinne fachspezifischer naturwissenschaftlicher Arbeitsweisen (vgl. Killermann et al 2005, 131 ff.; Häußler 2019, 536 ff.) ermöglichen es auch Schülerinnen und Schülern mit geistiger Behinderung, sich Naturphänomene zu erschließen. Dabei lernen sie, Fragen zu stellen und zu beantworten, Probleme zu lösen und gelangen so zu einer Grundhaltung des Fragens und Problematisierens.

In hohem Maße entsprechen diese Denk-, Handlungs- und Arbeitsweisen der Forderung nach Anschaulichkeit, da ihre Anwendung in der Regel den Bezug zum Naturobjekt beinhaltet sowie den Prinzipien der Selbsttätigkeit und Handlungsorientierung, da sie auf der handelnden Auseinandersetzung mit dem Lerngegenstand beruhen. Dieser selbstständige Umgang fördert Neugier und Interesse im Sinne einer intrinsischen Motivation für die Auseinandersetzung mit naturwissenschaftlichen Phänomenen.

Gerade an fachspezifischen naturwissenschaftlichen Arbeitsweisen können zahlreiche entwicklungsbezogene Funktionen geschult werden: Differenzierte Wahrnehmung beim Betrachten und Beobachten, sprachliche Kompetenzen bei der Gewinnung von Begriffen und der Verbalisierung wichtiger Sachverhalte, motorische Fertigkeiten im Umgang mit Versuchsanordnungen, im gleichen Zusammenhang auch kognitive Funktionen bei der Planung von einfachen Experimenten sowie deren Evaluierung. Sie sind darüber hinaus zentral für das Gewinnen biologischer, physikalischer oder chemischer Erkenntnisse mit den Methoden der Naturwissenschaften.

Dabei wird auch für Schülerinnen und Schüler mit geistiger Behinderung ersichtlich, dass das Sammeln von Fakten und Erheben von Daten eine

5.5 Die Ebene des fachbezogenen Lernens – Die naturwissenschaftliche Perspektive

wichtige Grundlage für sachgerechtes Arbeiten, ja eigentlich das Grundprinzip naturwissenschaftlichen Forschens ist, welches für sie beispielsweise in der Formel »Beim Forschen schauen wir genau hin!« transparent und handlungsleitend werden kann. Aus den gesammelten Fakten können dann Erkenntnisse gewonnen werden, die einen Einblick in übergeordnete Zusammenhänge anbahnen. Die Schülerinnen und Schüler haben z. B. beobachtet, welche Tiere im Wald oder auf der Wiese leben. Sie haben gelernt, was die Tiere fressen. Die Auseinandersetzung mit diesen Daten kann zu folgenden Erkenntnissen führen: Der Wald bzw. die Wiese ist ein Lebensraum für viele verschiedene Pflanzen und Tiere. Diese stehen untereinander in Beziehungen, z. B. im Rahmen einer Nahrungskette. Einen derartigen Lebensraum mit seinen Beziehungen nennt man in der Fachsprache »Ökosystem«. Diese Grundeinsichten lassen sich dann auch auf andere Lebensräume aus der Umgebung der Schülerinnen und Schüler übertragen, wie etwa den Garten oder den Teich. Das bewusste Wahrnehmen als Grundlage des Betrachtens, Beobachtens und Untersuchens muss geübt und gezielt angeleitet werden. Hierfür bietet sich u. a. die Objekterkundung an (▶ Kap. 5.3.4), bei der auch Pflanzen und Lebewesen gezielt in den Blick genommen werden können.

Betrachten – Beobachten – Untersuchen

Bei der Betrachtung eines ruhenden Objekts steht das Erkennen und Beschreiben der Gestalt von Tieren oder Pflanzen im Mittelpunkt (vgl. hierzu das Unterrichtsbeispiel in Häußler 2015, 255 ff. – Der Waldboden). Der Beobachtung geht es dagegen eher um ein Erfassen von Vorgängen und damit von Veränderungen. Ziel ist ein bewusstes Wahrnehmen von Objekten und Prozessen, die sich in einem festgelegten Zeitraum vollziehen (z. B. die Entwicklung der Blüte zur Frucht, Verbreitung von Löwenzahnsamen). Beobachtet werden Gegenstände oder Lebewesen. In den zu beobachtenden Vorgang wird nicht eingegriffen. Nach ihrer Dauer werden Kurz- und Langzeitbeobachtungen unterschieden.

Dem Betrachten und Beobachten kann das Sammeln von Gegenständen (Blumen, Gräser etc.) vorausgehen.

Beim Beobachten muss im Unterricht eine klare Aufgabenstellung formuliert und ein Beobachtungsraster angeboten werden, zudem bedürfen der Beobachtungsauftrag und damit auch die Protokollierung der klaren inhaltlichen Strukturierung und Reduktion. Auch hier ist in der Regel eine starke Lenkung durch die Lehrkraft nötig.

Die Beobachtungen werden in fachsprachlich angemessener Form verbalisiert, Teilaspekte mit eindeutigen (Fach-) Begriffen benannt, soweit diese nicht zu komplex sind. Beim Betrachten einer Tulpe verwenden die Schülerinnen und Schüler z. B. die Begriffe Stängel, Blüte, Blätter, Zwiebel und Wurzel.

Beobachtungen werden in geeigneter Form dokumentiert. Hierzu dienen ein vorstrukturiertes, in geeigneter Weise reduziertes Beobachtungsprotokoll (vgl. Häußler 2015, 250) oder ein Lapbook.

Werden mehrere Objekte betrachtet, beobachtet oder untersucht, können sie verglichen und geordnet werden. Die Denkoperation des Vergleichens und ihre Bedeutung wurde bereits im Zusammenhang mit dem Prinzip der kognitiven Aktivierung hervorgehoben. Graf fragt aus biologiedidaktischer Sicht danach, ob das Vergleichen eine »Königsdisziplin« des Biologieunterrichts sei. »Oft macht erst das systematische Vergleichen eine Lernsituation im Biologieunterricht fruchtbar, fokussiert und sorgt für Klärung« (2020, 94). Wo immer möglich, sollte die Erkenntnismethode des Vergleichens, also des Herausarbeitens von Gemeinsamkeiten und Unterschieden, im Rahmen des (naturwissenschaftlichen) Sachunterrichts Berücksichtigung finden – wenn nicht in jeder Unterrichtsstunde, so doch im Verlauf einer Sequenz. Dabei ist es sicherlich einfacher, Gemeinsamkeiten zu finden als Unterschiede festzustellen. So können die Schülerinnen und Schüler anhand der Frühblüher Tulpe, Osterglocke und Krokus feststellen, dass alle drei über eine Zwiebel verfügen. Hieran könnte sich die Frage nach deren Funktion anschließen.

Beim Untersuchen wird über das Beobachten hinaus in das Objekt eingegriffen, Hilfsmittel finden Verwendung. Der Übergang zum Betrachten und Beobachten ist dabei fließend, wie etwa das Beispiel der Verwendung einer Becherlupe zeigt. Geeignet erscheinen hier das Zerlegen und Zerschneiden von Pflanzen oder Pflanzenteilen, das Arbeiten mit (Becher-)Lupe oder evtl. einem Mikroskop sowie der Einsatz einfacher, alltagsbezogener Messinstrumente (z. B. das Thermometer).

Unterrichtseinheiten, bei denen die fachspezifischen Arbeitsweisen des Betrachtens, Beobachtens und Untersuchens zur Erkenntnisgewinnung angewandt werden, können dabei in folgenden Schritten aufgebaut sein (vgl. Häußler 2015, 251):

Tab. 5.11: Artikulation Beobachten/ Betrachten/Untersuchen

Phase	Fragestellungen/Lernaktivitäten
(1) Ausgangssituation	Ein Problem, zu dessen Lösung eine Betrachtung/Beobachtung Informationen geben könnte, wird erkannt und formuliert: … Wie sieht … aus? … Wie bewegt sich …?

5.5 Die Ebene des fachbezogenen Lernens – Die naturwissenschaftliche Perspektive

Tab. 5.11: Artikulation Beobachten/ Betrachten/Untersuchen – Fortsetzung

Phase	Fragestellungen/Lernaktivitäten
	... Wie kam es dazu, dass ...? ... Wie entwickelt sich ...? ... Wie verändert sich ...? ... Wie entsteht ...? ... Welche Wirkung hat ...? ... Warum hat/ ist ...?
(2) Vorbereitung	• Festlegung von Material, Hilfsmitteln, Geräten, von Ort und Zeitpunkt der Beobachtung. • Bildung von Beobachter-Gruppen. • Festlegung der Art der Protokollierung (Beobachtungsblätter, Skizzen, Tabellen). • Anleitungen, Hinweise zur Beobachtung geben. • Fachbegriffe (soweit möglich) einführen.
(3) Durchführung	• Wahrnehmen des Objekts (sehen, hören, tasten, fühlen, riechen). • Spezifische Erkundungstätigkeiten ausführen (messen, wiegen, Veränderungen feststellen ...). • Protokollieren (Tabelle, Skizze, in Wort, Zahl oder Bild).
(4) Auswertung	• Berichten. • Ordnen/Darstellen. • Vergleichen. • Verknüpfen von Einzelinformationen zu Zusammenhängen. • Formulieren einer Erkenntnis.

Anhand der Gartenbohne kann beobachtet werden, dass Pflanzen aus Samen hervorgehen und in jedem Samen eigentlich schon der Bauplan der sich daraus entwickelnden Pflanze steckt:

1. Stunde: Schaffung der Ausgangssituation
Ein Becher wird am Vortag mit Bohnensamen gefüllt und mit Wasser aufgefüllt. Am nächsten Tag sind die Bohnen soweit aufgequollen, dass einige aus dem Becher fallen. Was ist passiert?
Betrachten: Trockene und gequollene Samen werden in der Becherlupe betrachtet.
Vergleichen: Unterschiede werden benannt und an der Tafel in einer Skizze oder mittels vorbereiteter Bildkarten festgehalten (klein/trocken/hart vs. größer/feucht/weich).
Untersuchen: Die gequollenen Samen werden aufgeschnitten – (Keim-)Wurzel und (Keim-) Blatt sind bereits angelegt und sichtbar.

2. Stunde: Planung/Vorbereitung der Beobachtung
In einem »Keimungskarussell« (vgl. Benkowitz 2017, 111 ff.) werden Keimlinge in verschiedenen Entwicklungsstadien beobachtet. Gleichzeitig können noch Bohnensamen in einen Blumentopf gesät werden. Das Beobachtungsraster wird erarbeitet.

Das »Keimungskarussell«:
Ein Marmeladenglas wird mit Tonpapier ausgekleidet und in der Mitte mit zusammengeknülltem Küchenkrepp ausgefüllt, so dass das Tonpapier an die Wand des Glases gedrückt wird. Samen werden in Abständen von zwei Tagen zwischen Glaswand und Tonpapier geschoben, Wasser wird etwa 1cm hoch ins Glas gegeben, so dass sich der Küchenkrepp vollsaugen kann. Um das Glas kann eine Manschette aus Tonpapier gelegt werden, welche zur Betrachtung der Samen abgenommen wird, so dass die Samen wie unter natürlichen Bedingungen im Dunkeln keimen können. So ist es möglich, im Lauf der Zeit verschiedene Entwicklungsstadien des Keimlings nebeneinander zu betrachten.

Ab der 3. Stunde: Durchführung der Beobachtung/Auswertung der Ergebnisse
Da das Zeichnen der Pflanze erhebliches Können erfordert, ist es sicherlich sinnvoll, schon vorab Abbildungen anzubieten, die dann in das Beobachtungsraster (vgl. hierzu Häußler 2015, 250) eingeklebt werden. Dazu können noch Fotos gemacht werden. Sind die entsprechenden Lernvoraussetzungen gegeben, könnte das Längenwachstum von Wurzel und Stängel gemessen und protokolliert werden. Wichtig ist, dass bei der Beobachtung und Protokollierung die einheitlichen *Fachbegriffe* verwendet werden:

- Der *Samen* ist hart.
- Der *Samen* ist dicker und weicher. (Er hat – durch den *Nabel* – Wasser aufgesaugt).
- Die *Schale* ist aufgegangen/aufgeplatzt. Man sieht die *Wurzel* (auch: *Keimwurzel*).
- Die *Wurzel* wird länger/es sind noch kleine Wurzeln dran.
- Oben sieht man den *Stängel* (mit kleinen *Blättern*).
- Der *Stängel* wird länger. Die *Blätter* werden größer. Der *Samen* ist schrumpelig.

An diese Beobachtungen können weitere Unterrichtsinhalte angeknüpft werden. Nachdem die Schülerinnen und Schüler beobachtet haben, wie sich aus den Samen eine Pflanze entwickelt, beobachten und protokollieren sie das weitere Wachstum der Pflanzen, die dann auch in einen Blumentopf eingesetzt und später in ein Beet im Schulgarten eingepflanzt werden können.

In einem weiteren Beobachtungsschritt könnte festgestellt werden, dass sich an der Pflanze Knospen und aus diesen Blüten bilden. Diese können mit Fachbegriffen (Staubfaden, Narbe, Blütenblatt, Staubbeutel, Fruchtknoten, Stempel) belegt werden, wobei eventuell Reduktionsentscheidungen nötig sind. Hier kommt einmal mehr die Lernaktivität des Vergleichens ins Spiel, wenn die Blüten verschiedener Pflanzen verglichen und Gemeinsamkeiten und Unterschiede festgestellt werden. An dieser Stelle kann der Vorgang der Bestäubung als Voraussetzung der Fruchtbildung thematisiert werden. Die Früchte enthalten wiederum Samen (wie man bei einer Untersuchung – z. B. eines aufgeschnittenen Apfels oder der reifen Bohne – feststellen kann). Diese gleichen den Samen, die zu Beginn der Unterrichtsreihe ausgesät wurden. Werden alle Entwicklungsstadien dokumentiert und entsprechende Abbildungen nicht linear, sondern kreisförmig auf einem Plakat angeordnet, so wird der Entwicklungszyklus der Pflanze deutlich, der mit dem keimenden Samen beginnt und sich dort auch wieder schließt.

Die geernteten Früchte können im Rahmen von Lehrgängen und Handlungseinheiten (▶ Kap. 5.3) weiterverarbeitet werden.

Auch Tiere können im Unterricht beobachtet werden, wobei hier ein verantwortungsvoller Umgang und die Beachtung von Naturschutzbestimmungen eine ebenso große bzw. sogar noch größere Rolle spielen als beim Umgang mit Pflanzen.

Experimentieren

Der Schritt von der Beobachtung hin zum Experiment bzw. Versuch (zur exakten Terminologie vgl. Hartinger et al. 2013, 7 – in diesem Zusammenhang spreche ich vom Experiment, da ich auch im Unterricht diesen Begriff verwenden würde) würde gemacht, wenn anhand der Bohnensamen untersucht wird, welche Bedingungen Pflanzen zum Wachsen benötigen. Dazu werden vier Blumentöpfe mit eingepflanzten Bohnensamen auf das Fensterbrett des Klassenzimmers gestellt. Eine Pflanze hat alle notwendigen Voraussetzungen zum Wachsen (Licht, Wasser, Erde), bei den drei anderen fehlt jeweils eine Komponente. Über einen längeren Zeitraum wird nun beobachtet, wie die Pflanzen sich jeweils entwickeln. Dabei zeigt sich, dass das Beobachten immer auch Teil des Experimentierens ist und dementsprechend auch für die Durchführung von Experimenten und Versuchen angebahnt werden muss.

Beim Experimentieren wird in Vorgänge und Abläufe eingegriffen, Bedingungen werden verändert, evtl. Vergleichsgruppen gebildet. Die Schülerinnen und Schüler isolieren und variieren einzelne Faktoren, um ihre Wirksamkeit in Bezug auf einen bestimmten Vorgang zu untersuchen. Vermutungen (Hypothesen) können auf diese Weise überprüft, allgemeinere Aussagen formuliert, kausale Beziehungen aufgedeckt werden. Allerdings sind naturwissenschaftliche Sachverhalte oft so kompliziert, dass sie sich in ihrer Vielschichtigkeit nur selten in einem einfachen Experiment darstellen lassen, ohne Inhalte in unzulässiger Weise zu verkürzen. Ein Beispiel hierfür ist die physikalische Fähigkeit von Wasser, Gegenstände zu tragen. Um dieses Phänomen vollständig zu durchdringen, muss erkannt werden, dass mehrere Faktoren darüber entscheiden, ob ein Gegenstand schwimmt oder nicht: sein spezifisches Gewicht (wieviel wiegt ein ccm des Gegenstandes?), das Gewicht der verdrängten Wassermenge (Auftrieb – Gegenstände schwimmen, wenn ihr spezifisches Gewicht kleiner ist als die der Menge des Wassers, welches sie verdrängen) sowie die Form des Gegenstandes (bei Hohlräumen, bei vergrößerter Oberfläche des Gegenstandes, wenn etwa eine zu einem Boot umgeformte Knetgummikugel plötzlich schwimmt). Diese Sachverhalte zu verstehen und miteinander in Zusammenhang zu bringen, ist für Schülerinnen und Schüler mit geistiger Behinderung – und nicht nur für sie – eine große Herausforderung. Es fragt sich, ob man bei der Beobachtung von Phänomenen stehenbleiben kann (Manche Dinge schwimmen – manche Dinge gehen unter/ Kann Knetgummi schwimmen?)? Hier müsste man mit verallgemeinernden Aussagen sehr vorsichtig sein, fast verbietet es sich, einen Merksatz zu formulieren, will man physikalische Sachverhalte nicht verfälschen. Ein didaktischer Ausweg bietet sich dahingehend, dass nicht der naturwissenschaftliche Sachverhalt im Mittelpunkt steht, sondern die fachspezifische Arbeitsweise und es eher um spezifische Kompetenzen geht (Hypothesen bilden, beobachten, protokollieren, zusammenarbeiten), die das naturwissenschaftliche Phänomen als Vehikel, als Mittel zum Zweck benutzen.

Auch der Zusammenhang zur Lebenswirklichkeit ist nicht immer leicht herzustellen und muss sorgfältig angebahnt werden. Hierzu ist oft ein schrittweises Vorgehen nötig, wie sich am Thema »Wasser als Lösungsmittel für Stoffe« zeigen lässt. Zunächst muss gewährleistet sein, dass die Schülerinnen und Schüler die Erfahrung machen können, dass Wasser ein Lösungsmittel ist. In einer Handlungseinheit (▶ Kap. 5.3.3) wird zu diesem Zweck Limonade für das Sommerfest der Schule hergestellt, die Lehrkraft bietet dazu Wasser, Trinkgläser, Zitronensaft und Zucker (alternativ Brausepulver) und einen Strohhalm an. Nach der Lösung der Handlungsaufgabe fragt die Lehrkraft, ob man denn vergessen hätte, den Zucker ins Wasser zu geben, da man ihn nicht sehen könne. Im Unterrichtsgespräch kommt man zu dem Ergebnis, dass der Zucker sehr wohl in der Limonade sei (was man etwa durch eine vergleichende Geschmacksprobe belegen kann), er sich aber aufgelöst habe und so nicht mehr zu sehen sei. Dies kennen die Schülerinnen und Schüler möglicherweise aus anderen Situationen, etwa wenn Kaffee oder Tee ebenfalls mit Zucker gesüßt wird oder sich ein Badezusatz im heißen Badewasser auflöst, dabei aber dessen Aussehen und Geruch verändert. Von dieser induktiv an einem exemplarischen Beispiel gewonnenen Erfahrung und Einsicht kann das Thema nun verallgemeinert werden und in einem Experiment herausgefunden werden, welche Stoffe sich in Wasser auflösen und welche nicht (Tabelle 5.12 – vgl. auch Häußler 2015, 259 ff. zum Thema »Magnetismus«).

Tab. 5.12: Methodisches Modell Experiment

Unterrichtsphase	Unterrichtsverlauf	Did.-meth. Kommentar
Anknüpfung	Allgemeines Wissen, Wissen aus der letzten Stunde der Sequenz: *Was ist mit dem Zucker im Zitronenlimo passiert?*	Vorwissen aktualisieren
Hinführung	Lebensnahe bzw. fachliche Fragestellung herausarbeiten, Notwendigkeit des Versuchs klären: *Lösen* sich andere *Stoffe* auch in Wasser *auf*? *(Fachsprache!)*	Problemfrage aufwerfen
Erarbeitung	SuS berichten von Alltagssituationen (Zucker im Kaffee etc.).	Präkonzepte
	Überblick über den Ablauf des Experiments. Hypothesenbildung: Vermutungen anstellen, fixieren.	Kognitive Aktivierung
	Planung des Versuchs: Gegenstände, Ablauf, Tätigkeiten Arbeitsaufträge festlegen.	Vorbereitung/Planung/ Materialorganisation
	Umgehen mit dem Versuchsgegenstand und den Materialien: beobachten, eintragen auf dem Protokollblatt, vergleichen, beschreiben, ordnen, versprachlichen.	Eigenständig/mit anderen zusammenarbeiten: Versuche zunehmend selbstständig durchführen
	Leistungsstarke SuS untersuchen, ob sich Stoffe in warmem oder kaltem Wasser schneller auflösen, befassen sich mit uneindeutigen Phänomenen (teilweises Auflösen).	Differenzierung

Tab. 5.12: Methodisches Modell Experiment – Fortsetzung

Unterrichtsphase	Unterrichtsverlauf	Did.-meth. Kommentar
	Ergebnisse mitteilen, Darstellung in Tabelle an der Tafel. Überprüfung der Hypothesen.	Kommunizieren Auswertung/Darstellung »conceptual change«
Vertiefung	Evtl. Formulieren eines Merksatzes. Schlussfolgerungen, evtl. Eingliederung in einen größeren Zusammenhang, Vergleich mit ähnlichen Phänomenen.	Erkennen/Verstehen Erkenntnis Verknüpfung/kognitive Aktivierung
Abschluss	Beantwortung der Ausgangsfrage	Problemlösung

Die chemischen Prozesse, die sich bei der Lösung von Stoffen in Wasser abspielen, können zugunsten des beobachteten Phänomens vernachlässigt werden. Die Schülerinnen und Schüler machen die Beobachtung, dass die verwendeten Materialien sich in unterschiedlicher Weise verhalten. Manche Stoffe lösen sich leicht, sind unsichtbar, aber durch ihren Geschmack nachweisbar (Zucker, Salz). Andere färben das Wasser durch die enthaltenen Farbstoffe (Brause), lassen es schäumen oder verändern den Geruch, während z. B. Schokolade sich nur scheinbar auflöst, sondern vielmehr in ihre Bestandteile zerfällt (Fett, Kakao, ...). Hypothesen und Ergebnisse zu diesem Versuch können dann relativ übersichtlich protokolliert werden (▶ Abb. 5.3). Wichtig ist, dass auch immer wieder der Bezug zur Erfahrung mit dem sich in der Zitronenlimonade auflösenden Zucker hergestellt wird.

Am Protokollbogen zu diesem Experiment wird auch ersichtlich, dass sich einige Optionen zur inhaltlichen Differenzierung bieten (▶ Kap. 5.1.3). So kann dieser der Übersichtlichkeit halber für manche Schülerinnen und Schüler geteilt werden und für Hypothesen und Protokollierung der Versuchsergebnisse jeweils ein eigenes Blatt angeboten werden. Zudem können die Stoffe 1–5 das Basisangebot für die gesamte Klasse darstellen, während leistungsstarke Schülerinnen und Schüler zusätzlich die Stoffe 6–8 untersuchen, deren Reaktion sich nicht auf die einfache Alternative löslich/nicht löslich reduzieren lässt.

Bei der Planung und Durchführung von Experimenten sollte sich die Lehrkraft von einigen grundsätzlichen Überlegungen leiten lassen. So erfolgt die Versuchsdurchführung ziel- und problemorientiert. Eine klare Fragestellung bzw. Beobachtungsaufgabe wird formuliert. Diese orientiert sich in erster Linie an der Sicht der Schülerinnen und Schüler auf das Phänomen. So ist für die Lernenden klar, in welchem Zusammenhang das Experiment und seine

5.5 Die Ebene des fachbezogenen Lernens – Die naturwissenschaftliche Perspektive

Wir forschen: Welche Stoffe lösen sich in Wasser auf?				
 Stoff	 Das glaube ich:		 Das sehe ich/ schreibe ich auf:	
	 Löst sich	 Löst sich nicht	 Löst sich	 Löst sich nicht
 (Zucker)			x	
 (Brausetablette)			x	
 (Öl)				x
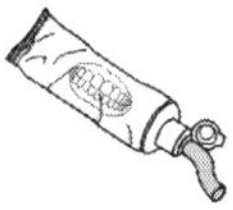 (Zahnpasta)			x	
 (Salz)			x	
 (Schokolade)			in warmem Wasser	
 (Marmelade)			Früchte	
 (Mehl)			bildet Klumpen	

(Legende: 1. Zucker, 2. Brausetablette, 3. Öl, 4. Zahnpasta, 5. Salz, 6. Schokolade, 7. Marmelade, 8. Mehl)

Abb. 5.3: Protokollbogen Löslichkeit von Stoffen

einzelnen Vorgänge stehen. Das Experiment weist weiterhin eine übersichtliche Anordnung, aus der Erfahrungswelt der Schülerinnen und Schüler stammendes Versuchsmaterial sowie eine Auswahl erfassbarer Vorgänge auf. Ablauf und Struktur sind klar herausgearbeitet: Sinnvoll ist es etwa, für jede Phase des Versuchs eine Abbildung bereitzuhalten, die verdeutlicht, an welchem Punkt man inhaltlich gerade ist (Wir fragen – wir vermuten – wir probieren aus – wir stellen fest). Entscheidend ist weiterhin eine gut organisierte Durchführung: Vollständigkeit des Materials, bei Gruppenarbeiten gleichartiges Material für jede Gruppe, genaue Anweisungen zur Durchführung, Festlegung der Verteilung von Aufgaben, Sicherheitsvorkehrungen. Begleitend zu all dem ist die Versprachlichung stets gewährleistet: Fragen und Vermutungen werden formuliert, der Versuchsablauf verbalisiert, Zusammenhänge werden in knappen Aussagen zusammengefasst, eindeutige (Fach-)Begriffe finden Verwendung. Experimente haben nicht zuletzt auch ein hohes Potential zur kognitiven Aktivierung: Daher werden Hypothesen gebildet, Einzelerfahrungen werden auf den Begriff gebracht und in einen größeren Zusammenhang gestellt, eine allgemeine Regel wird gefunden.

Halten – Pflegen – Nutzen

Neben den Formen des Erkundens kennt die Fachdidaktik der Biologie noch die fachspezifische Arbeitsweise des Haltens und Pflegens (vgl. Killermann et al. 2005, 153 ff.). Durch die Haltung und Pflege von Tieren und Pflanzen wird der unmittelbare Kontakt mit Lebewesen ermöglicht, die Schülerinnen und Schüler werden mit ihnen vertraut, lernen sie besser kennen und wertschätzen und werden zu eigenen Beobachtungen sowie zum Weiterlernen motiviert. Aus der Sicht des FgE liegt es nahe, diese beiden Arbeitsweisen noch durch die des »Nutzens« zu ergänzen und damit die lebenspraktische Dimension vieler naturwissenschaftlicher Sachverhalte zu fassen. So lässt sich anhand täglich verwendeter Lebensmittel der Frage nachgehen, wo diese eigentlich herkommen und welche Pflanze bzw. welches Nutztier hierfür die notwendigen Rohstoffe liefert. Diese können dann einer näheren Betrachtung unterzogen und hinsichtlich ihres Aufbaus, ihres Vorkommens und ihrer Lebensweise und Lebensbedingungen erforscht werden. Andererseits können Pflanzen, die Gegenstand des Unterrichts sind und zunächst unter biologischen Aspekten gesehen wurden (wie die Bohne), im Schulgarten oder in einem Blumenkasten oder Zimmergarten eingepflanzt und ihre Früchte geerntet und verarbeitet werden. Als methodische Modelle bieten sich hierfür einmal mehr der Lehrgang bzw. die Handlungseinheit an (▶ Kap. 5.3.1/▶ Kap. 5.3.2).

5.5 Die Ebene des fachbezogenen Lernens – Die naturwissenschaftliche Perspektive

Das Beet im Schulgarten bietet ähnlich viele Lernanlässe (vgl. Giest 2009, 107): Über Fertigkeiten in der Gartenarbeit hinaus befassen sich die Kinder und Jugendlichen vertieft mit den Pflanzen und ihrer Entwicklung im Jahresablauf, aber auch mit ihrer Verwertung und evtl. sogar Vermarktung. Ein Kräuterbeet kann ein wunderbarer Anlass sein, die Vielfalt von Küchen- und Heilkräutern kennen zu lernen und diese auch entsprechend zu verarbeiten.

Anhand eines Aquariums im Klassenzimmer kann man nicht nur etwas über die richtige Haltung von Fischen lernen, es kann auch Anstoß sein, sich vertieft mit dem Thema »Fische« auseinanderzusetzen und mehr über deren Nahrung, Fortpflanzung und ihren natürlichen Lebensraum zu erfahren. Das gleiche gilt für die vorübergehende Pflege eines Meerschweinchens oder Zwergkaninchens im Klassenzimmer, für die ein Käfig ausgestattet und das geeignete Futter besorgt werden muss.

Nicht zu unterschätzen ist auch die Verwirklichung erzieherischer Werte und Ziele wie Ehrfurcht vor allem Lebendigen, Verantwortung und Ausdauer bei den pflegerischen Tätigkeiten und so im Sinne von »Bildung für nachhaltige Entwicklung« (BNE) die Grundlegung der Bereitschaft, aktiv zum Umweltschutz beizutragen. Der Unterricht kann darüber hinaus dazu anregen, Regeln der Pflanzenpflege und der Tierhaltung auch zu Hause anzuwenden.

Nachschlagen – sich selbstständig Informationen erarbeiten

Nicht alle Sachverhalte lassen sich problemorientiert erarbeiten. Viele Sachunterrichtsthemen gerade im Bereich der naturwissenschaftlichen Fachperspektive verlangen die Weitergabe bzw. den Erwerb von Informationen, die als Sachkompetenz für ein Bescheid-Wissen gespeichert und mit anderen Wissensbeständen verknüpft werden müssen. Beispiele sind Unterrichtsthemen wie »Welches Blatt gehört zu welchem Baum?«, »Welche Pflanzen wachsen auf der Wiese?« oder »Was frisst das Meerschweinchen?«. Hier geht es um die Präsentation bzw. das Aufnehmen von Sachinformation bzw. fachspezifischen Wissensbeständen. Es gibt dabei keine Problemstellung zu lösen, die Herausforderung besteht vielmehr darin, Informationen (z.B. über Baumgestalt, Blattform und Früchte) aufzunehmen und zu einem Begriff zu verknüpfen.

Eine Möglichkeit der schüleraktivierenden Vermittlung deklarativen Wissens besteht in der Arbeit mit »Infokarten« (vgl. Häußler 2016). Mit ihrer Hilfe ist die selbstständige Erschließung von Lerninhalten möglich, wobei die Infokarten die Funktion eines sehr stark reduzierten und strukturierten Nachschlagewerks etwa im Sinne eines Lexikons haben. Die Arbeit mit Infokarten ergänzt dabei die übrigen perspektiventypischen Lernaktivitäten. Grundgedanke ist, dass Fachinformationen in klar strukturierter, einfacher

5 Die Konzeption des Plan-Quadrats für den Sachunterricht im FgE

und elementarer Form auf vorgefertigten Karten vorliegen, mit deren Hilfe die Schülerinnen und Schüler sich z. B. erarbeiten, welche Tiere den Lebensraum »Wiese« bevölkern. Hierzu betrachten sie Karten mit Abbildungen verschiedener Tiere. Das Symbol auf der Rückseite der Karte sagt ihnen, dass z. B. der Schmetterling ein Wiesenbewohner ist, die Katze hingegen nicht.

Dabei ist es meist günstig, sich zunächst exemplarisch mit einem Aspekt bzw. einem Teilbereich des Themas zu befassen – in diesem Fall mit einem Tier oder einer Pflanze, deren Lebensraum die Wiese ist.

Je nach Lernstand und Lernvoraussetzungen der Schülerinnen und Schüler können die Infokarten unterschiedlich komplex gestaltet sein. Die Möglichkeiten reichen von einfachen Ja/Nein-Entscheidungen bis hin zur Verknüpfung von Einzelphänomenen zu einer Art Oberbegriff (vgl. Häußler 2016, 6).

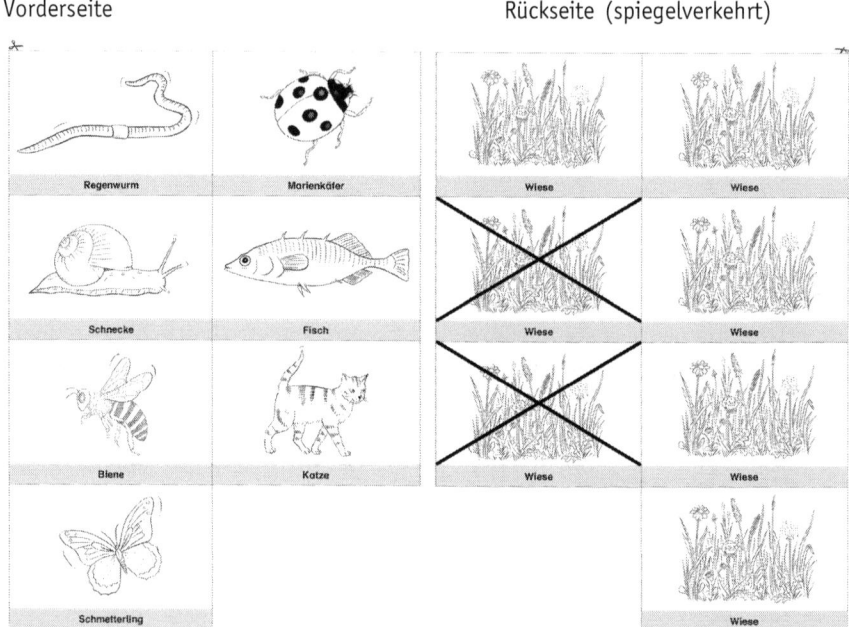

Abb. 5.4: Infokarten »Tiere auf der Wiese« (aus: Michael Häußler, Tiere und Pflanzen in meiner Umgebung, 47 ff. © Persen Verlag)

5.6 Die Ebene des fachbezogenen Lernens – Die geographische Perspektive

5.6.1 Inhalte der geographischen Perspektive

Menschen leben und handeln in Räumen. Dabei sind Mensch und Raum insofern aufeinander bezogen, als jeder gewissermaßen den Bezugspunkt für »seinen« Raum darstellt und in ihm intentional handelt. Damit dieses zweckhafte Handeln möglich ist, sind Orientierungsleistungen nötig. Das Kind muss lernen, den Raum für sich zu strukturieren, die räumliche Beziehung der Dinge zu sich selbst und zueinander zu erfassen und so zu einem sachgerechten Verhalten im Raum zu kommen. Dabei erschließt es sich die Merkmale des Raumes wie Höhe, Breite, Tiefe, Offenheit, Geschlossenheit sowie die grundlegenden Raum-Lage-Beziehungen (oben – unten, vorne – hinten, rechts – links, ...). So beginnt in elementarer Weise auch die Erschließung des Raumes für Schülerinnen und Schüler mit geistiger Behinderung.

Im Verständnis der traditionellen Heimatkunde wurde die Beziehung von Kind und Raum bis lange in die 1960er Jahre hinein als allmähliche Ausdehnung des (kindlichen) Lebensraums verstanden. Das Prinzip »Vom Nahen zum Fernen« bzw. der »konzentrischen Kreise« bestimmte dementsprechend die Auswahl der Inhalte. Dieses Konzept entspricht allerdings nicht mehr einer veränderten Realität mit vermehrter Mobilität, Medienpräsenz im Alltag und Zuwanderung.

Die Erkundung von Räumen mit Schülerinnen und Schülern mit geistiger Behinderung vollzieht sich meiner Erfahrung nach meist in einem Spannungsfeld von inselhaftem Wahrnehmen verschiedener, teilweise nur wenig zusammenhängender Räume, wie es für Kindheit und Jugend heute generell gültig scheint, sowie der durch die Behinderung vorgegebenen Begrenzungen des verfügbaren Raumes. Der überschaubare Aktionsraum dieser Kinder und Jugendlichen besteht gewissermaßen aus einzelnen separaten Stücken, die wie Inseln verstreut in einem größer gewordenen Gesamtraum liegen, der als Ganzes weitgehend unbekannt ist. Wichtige Bezugspunkte dieses Modells stellen Elternhaus und Schule dar. Insbesondere für Kinder aus mobileren und finanzkräftigeren Elternhäusern tut sich eine breite Palette an weiteren Räumen auf – die zeitliche und räumliche Organisation der zu ihnen gehörenden verinselten Aktivitäten erweist sich allerdings häufig als schwierig. Für Kinder – gerade auch mit geistiger Behinderung – bedeutet dies, dass sie sich ein individuelles Konzept der Räume konstruieren, innerhalb derer sie sich bewegen bzw. zwischen denen sie hin- und herbewegt werden.

Dieter Fischer hat unterschiedliche Lebensfelder beschrieben, in denen Kinder und Jugendliche mit geistiger Behinderung leben und die sie zu Orientierungsleistungen herausfordern. Deshalb müssten auch die Dinge, welche es erfasst und erkundet, aus dem entsprechenden Lebensfeld stammen (Fischer 1981, 175 f.):

- *Körperfeld und Vitalfeld:* der eigene Körper, seine Versorgung und die Dinge, die damit zusammenhängen (LPPlus Bayern: Körperraum)
- *Greiffeld:* Dinge, die das Kind aus der Liege- oder Sitzposition erreichen kann
- *Nahfeld:* Dinge, die durch Bewegung darauf zu erreicht werden können (LPPlus Bayern: Nahraum)
- *Umfeld:* Dinge, denen es im Spiel oder bei Erkundungsgängen begegnet (LPPlus Bayern: Schule, Zuhause, Wohn-/Schulort).

Körperfeld, Greiffeld und Nahfeld wären demnach in einem Sachunterricht für den FgE und bezogen auf das Plan-Quadrat auf der Ebene des basalen Lernens zu bearbeiten. Den hier genannten »körpernahen« Lebensfeldern müssten allerdings noch diejenigen hinzugefügt werden, in denen sich Schülerinnen und Schüler aufgrund kultureller oder politischer Bezugspunkte wiederfinden, also die Heimatregion, das jeweilige Bundesland und Deutschland als Staat (regionaler/nationaler Raum) sowie Europa als historisch gewachsene Größe und letztlich die Welt als globaler Raum. Bei der Aufbereitung für den Unterricht ist es sicherlich sinnvoll, das Konzept »Vom Nahen zum Fernen« nicht gänzlich über Bord zu werfen, sondern zu reflektieren, wo sich in Räumen wichtige lebensweltliche Bezüge finden lassen und wo Orientierungsleistungen angebahnt werden müssen. Ein derartiger Bezug kann aber – gewissermaßen begleitend dazu – auch über einen aus Indien stammenden Mitschüler aufgebaut werden, dessen Heimatland zwar räumlich weit entfernt ist, das aber durch Sprache, Kleidungsstücke, Musik, Essen, Bilder und Erzählungen plötzlich in den Erfahrungsbereich seiner Mitschülerinnen und Mitschüler rückt.

Aufgabe des Unterrichts ist es, das Kind bzw. den Jugendlichen beim Aufbau einer individuell sinnhaften, sich mehr und mehr differenzierenden Wahrnehmung dieser Räume und dem Aufbau eines »Welt-Bildes« zu unterstützen. Keinesfalls erscheint es sinnvoll, zusammenhangloses geographisches Faktenwissen zu pauken oder sich mit Phänomenen auseinanderzusetzen, die keinen Bezug zur Lebensrealität von Kindern und Jugendlichen aufweisen und soweit elementarisiert werden müssen, dass vom eigentlichen Sachverhalt nichts

5.6 Die Ebene des fachbezogenen Lernens – Die geographische Perspektive

mehr übrigbleibt (vgl. etwa verschiedene Autorinnen und Autoren in Riegert & Musenberg 2015 zum »Aralsee-Syndrom«).

Interessant aus der Sicht der Didaktik des FgE ist in diesem Zusammenhang Rinschedes Definition von Geographiedidaktik. Sie ist »die Wissenschaft von der adressatenbezogenen Auswahl und Anordnung von Inhalten, die räumlich bestimmbar und raumwirksam sind und ihrer optimalen Vermittlung in die Verständnisebene des Adressaten ... – zum Zweck des besseren Raumverhaltens. Für den Geographieunterricht ist der Schüler der Adressat« (Rinschede 2007, 17).

Für Schülerinnen und Schüler mit geistiger Behinderung ist sicherlich in erster Linie ein erfahrungsgebundenes, materielles Raumkonzept von Belang, welches zunächst durch Wahrnehmung, Erkundung, Nutzung und Orientierungskompetenzen (etwa den Umgang mit Karten) aufgebaut werden muss. Schülerinnen und Schüler sollen über Räume und Raumkonzepte nicht nur nachdenken, sie müssen sich diese Räume zunächst aktiv erschließen, ja erobern, indem sie Formen der Mobilität praktizieren, von der Erkundung ihrer unmittelbaren Umgebung (vgl. Spitta 2007) bis hin zur Teilnahme am Straßenverkehr und der öffentlichen Verkehrsmittel. Handeln in Räumen bedeutet auch – sobald es sich außerhalb der eigenen vier Wände oder der Schule abspielt – sich auf Wegen, Straßen und Plätzen zu bewegen und damit am Verkehr teilzunehmen. Flexibles, situationsgemäßes und sicherheitsbewusstes Verhalten kann hier überlebenswichtig sein, egal, ob man zu Fuß, mit dem Fahrrad oder mit Hilfsmitteln unterwegs ist. Mobilität ist damit legitimerweise ein Teilaspekt räumlichen Lernens im FgE.

5.6.2 Lernaktivitäten im Rahmen der geographischen Perspektive

Die grundlegenden, geographiespezifischen Lernaktivitäten von Weltwahrnehmung, Welterkundung, Weltorientierung und Handeln in der Welt (Adamina 2019; Adamina et al. 2016) lassen sich grundsätzlich auch auf Schülerinnen und Schüler mit geistiger Behinderung übertragen, bedürfen aber der Modifikation:

- Welt wahrnehmen: Räumliche Situationen, Veränderungen und die eigene Beziehung dazu wahrnehmen.
- Welt erkunden und erschließen: Räumliche Erscheinungen und Situationen erkunden, analysieren und bewerten.
- Sich in der Welt orientieren: Mit unterschiedlichen Orientierungsmitteln arbeiten und zunehmend Orientierungsmuster aufbauen.

5 Die Konzeption des Plan-Quadrats für den Sachunterricht im FgE

- In der Welt handeln: Über eigene Vorstellungen nachdenken, Handlungsweisen reflektieren.

So erschließen sich Schülerinnen und Schüler mit geistiger Behinderung mit eben jenen Lernaktivitäten den raumbezogenen Lerninhalt »Zugfahren« (Tab. 5.13).

Tab. 5.13: Didaktische Zusammenhänge raumbezogenen Lernens

Lernaktivität	Wahrnehmen	Erkunden	Darstellen und sich orientieren	Reflektiert handeln
Inhalt	Geräusche und Eindrücke auf dem Bahnhof wahrnehmen	Unterrichtsgang zum Bahnhof: Wie sieht es dort aus? Wo kann ich Fahrkarten kaufen?	Wie komme ich zum Bahnhof? Darstellung des Weges auf einer Kartenskizze, einen Übersichtsplan des Bahnhofs lesen.	Eine Fahrt in die nahe Großstadt ins Schullandheim planen und durchführen. Vor- und Nachteile des Zugfahrens.
Abstraktionsebenen (können prinzipiell bei allen Inhalten und Lernaktivitäten durchgearbeitet werden)		Modell	Bild (Skizze, Karte)	Symbol
	Geographisch-räumliche Wirklichkeit			

Dieses Lernvorhaben bezieht sich dabei naturgemäß primär auf den lokalen und regionalen Raum und kann im Fall der Planung einer größeren Reise auf den nationalen Raum ausgedehnt werden. Bezüge aus dem Körper- und Nahraum wären sicherlich herzustellen, womöglich aber auch künstlich. Dennoch können alle geographischen Räume prinzipiell mit allen Lernaktivitäten bearbeitet werden, wobei mit zunehmender Entfernung in der Regel auch der Abstraktionsgrad steigt.

Bei der Beschreibung entsprechender Lernaktivitäten wird im Folgenden von »Räumen« statt von Welt gesprochen, um den Blick weiterhin auf das zentrale inhaltliche Konzept (nämlich »Raum«) geographischen Lernens im FgE zu lenken. Als übergeordnete Zielsetzung von Geographieunterricht im FgE kann dabei das »bessere Raumverhalten« (Rinschede 2007, 31) gesehen werden. Auf den Unterricht und raumbezogene Angebote übertragen bedeutet dies, dass Raumerfahrungen niemals nur Selbstzweck sind, sondern immer dem Kind oder Jugendlichen helfen, sich zu orientieren, Sicherheit zu gewinnen, handlungsfähig zu werden und damit »Raumverhaltenskompetenz« (ebda) zu entwickeln.

Räume erfahren/erleben und wahrnehmen

Grundgelegt werden kann diese Raumverhaltenskompetenz in elementarer Weise durch Übungen zu Raumerfahrung, Raumwahrnehmung und Raumvorstellung sowie die Erarbeitung von Raumordnungsbegriffen. Der eigene Körper ist dabei stets die unmittelbare Bezugsgröße für räumliches Wahrnehmen. Ehe sich Schülerinnen und Schüler mit geistiger Behinderung im Raum orientieren können, müssen sie ihren Körper in vielfältiger Weise erfahren haben. Raumerfahrungen stehen in engem Zusammenhang zur visuellen, taktil-kinästhetischen, olfaktorischen und vestibulären Wahrnehmung (vgl. Miessler, Bauer & Thalmeier 1986, 126 ff.). Räume werden aktiv-handelnd erschlossen, wobei die Orientierung im Raum eher durch aktives Sich-Selbst-Bewegen gelingt als durch Bewegt-Werden.

Folgende Lernaktivitäten im Zusammenhang mit einer differenzierten *Raumerfahrung* sind denkbar – sie können überwiegend auf die Ebene des basalen Lernens im Plan-Quadrat verortet werden:

- Geräusche/Klänge aus verschiedenen Zimmerecken wahrnehmen.
- An verschiedenen Orten des Raumes Klänge selbst erzeugen (mit einem Filzschlägel auf Tisch, Stuhl, Tür, Fenster etc. klopfen).
- Mit verbundenen Augen Klangquellen im Raum finden.
- Sich frei im Raum bewegen.
- Sich auf ein Ziel im Raum zubewegen.
- Der Raum wird verändert/geschmückt.
- Ich klettere auf einen Stuhl/Tisch/eine Leiter und sehe »die Welt von oben«
- Wir spielen im Zimmer Verstecken.
- Ich liege auf dem Boden.
- Ich stehe/sitze mit dem Rücken zur Wand.
- Ich sitze/liege in einem Papphaus, einer großen Pappkiste und betrachte, befühle die Wände um mich herum, die »Decke« über mir.

Eine basale *Raumorientierung* kann über folgende Lernaktivitäten aufgebaut werden:

- Beziehungen von Gegenständen/Personen zum eigenen Körper: Was liegt vor mir, was liegt hinter mir?

- Ich sehe Dinge, die oben auf dem Schrank/unten auf dem Boden liegen.
- Wege im Raum: Ich gehe zum Schrank, zum Waschbecken, zu meinem Platz, zur Tür.
- Positionen im Raum einnehmen: oben auf der Leiter, unter dem Tisch.
- Raumordnungsbegriffe verstehen (hinten – vorne; oben – unten; links von – rechts von; »über – unter«; zwischen – neben) verstehen und verwenden: Ich suche die Ostereier hinter dem Baum ...
- Sich mit verbundenen Augen nach Richtungsvorgaben im Raum bewegen.

Der Schritt vom Nahraum zum weiter ausgedehnten Umfeld kann dann mit Hilfe des Unterrichtsgangs erfolgen.

Räume erkunden: Der Unterrichtsgang

Unterrichtsgänge bzw. Erkundungen (Meyer 1989, 327 ff.) sind sicher für viele Schülerinnen und Schüler mit lebendigen und nachhaltigen Erinnerungen verknüpft. Hier können der Schulalltag aufgebrochen und die Wirklichkeit besichtigt werden, vielfältige Erfahrungen sind zu machen, so dass die Trennung von Schule und »echtem Leben« für den Moment überwunden wird. In Schulen mit dem FgE lassen sich Unterrichtsgänge i. d. R. gut realisieren, da hier meist das Klassenlehrerprinzip herrscht und der Unterrichtsvormittag nicht vollständig nach Fächern aufgeteilt ist.

Unterrichtsgänge dienen in erster Linie der Erschließung des räumlichen »Umfelds« (s. o.), also der unmittelbaren, erreichbaren Umgebung (vgl. Häußler 2015, 268 ff.) und entsprechen dem geographiedidaktischen Prinzip der Realbegegnung (Rinschede 2007, 179 f.). Prinzipiell sind sie nicht ausschließlich auf originär geographische Inhalte beschränkt, sondern immer dann das Mittel der Wahl, wenn die Realität nicht ins Klassenzimmer geholt werden kann und vor Ort erkundet werden muss. Raumbezogene Lernvorhaben werden jedoch in der Regel Realbegegnungen einschließen.

Varianten des Unterrichtsganges können spielerische Formen der Erkundung sein (Stadtrallye, Stadtführung, Schatzsuche), aber auch Betriebserkundungen, wie sie aus der Arbeitslehre bekannt sind.

Unterrichtsgänge haben verschiedene Funktionen und können daher auch an unterschiedlichen Stellen einer Unterrichtssequenz stehen. Zu Beginn dienen sie der Einführung und ermöglichen eine erste reale, anschauliche Begegnung mit dem neuen Lerngegenstand, die dann in der Schule ausgewertet und systematisiert werden kann. Innerhalb der Sequenz hat der Unterrichtsgang in erster Linie die Funktion, Lerninhalte zu veranschaulichen.

5.6 Die Ebene des fachbezogenen Lernens – Die geographische Perspektive

Am Ende einer Sequenz dient der Unterrichtsgang der Vertiefung und Überprüfung des Gelernten sowie der Ergebnissicherung.

Wichtig ist, dass der Unterrichtsgang im Rahmen einer »Laborsituation« gründlich vorbereitet wird:

- Es kann ein grober Überblick über den zu erkundenden Sachverhalt gegeben werden.
- Die Zielsetzung, der Auftrag, die Fragestellung der Erkundung kann gründlich geklärt werden.
- Wichtige Begriffe und Grundkategorien des Themas werden vermittelt.
- Methoden der Erkundung und der Dokumentation werden besprochen und geschult (Checkliste zum Abhaken, Fragebogen, Fotografieren, Filmen).
- Bei geplanten Befragungen werden vorab Fragen gesammelt und notiert, in Schriftform oder als Piktogramme bzw. Symbole. Dazu werden die entsprechenden Sprachmuster eingeübt.

Typische Phasen des Unterrichtsgangs lassen sich anhand des Themas »Wir erkunden den Bahnhof unserer Heimatstadt« zeigen. Dieser ist vorstellbar im Rahmen einer Sequenz (▶ Tab. 5.14), innerhalb derer sich die Schülerinnen und Schüler mit Versorgungseinrichtungen und Infrastruktur ihrer Heimatstadt im Allgemeinen oder aber unter dem Leitthema »Mobilität« mit Verkehrseinrichtungen am exemplarischen Beispiel des öffentlichen Nahverkehrs auseinandersetzen. Dabei kommen alle übergeordneten Lernaktivitäten des Sachunterrichts zum Tragen.

Tab. 5.14: Methodisches Modell Unterrichtsgang

Phase – Übergeordnete Lernaktivitäten	Inhaltliche Aspekte/Didaktische Überlegungen
Vorbereitung	Schwerpunktsetzung durch die Lehrkraft (z. B. Erkunden des Bahnhofs als Vorbereitung für die Fahrt in die nächstgelegene Großstadt). Analyse der Gegebenheiten vor Ort. Organisatorische Vorbereitung (Begleitperson, Transport, Information der Eltern, passende Kleidung entspr. der Witterung).
Laborsituation Erkennen/ Verstehen	Herausarbeiten von Zielsetzungen/Visualisieren/Einüben von Teilschritten. Mögliche Zielsetzungen: (1) Den Bahnhof erkunden: Wo ist der Informationsschalter?/Wo können wir eine Auskunft bekommen? Wo hängt der Fahrplan? Wo ist Gleis/

Tab. 5.14: Methodisches Modell Unterrichtsgang – Fortsetzung

Phase – Übergeordnete Lernaktivitäten	Inhaltliche Aspekte/Didaktische Überlegungen
Kommunizieren/ Zusammenarbeiten	Bahnsteig 3 (dort fährt unser Zug ab)? Wo können wir etwas zu trinken/zu essen/ein Comicheft kaufen? (2) Eine Fahrkarte kaufen: Wo ist der Fahrkartenschalter/der Fahrkartenautomat? Welche Fahrkarte(n) brauchen wir (wie viele Personen? Wohin? Rückfahrkarte?) SuS erhalten differenziert gestaltete Checklisten mit Bildern/Symbolen/Schrift mit den zu erkundenden Gegebenheiten (▶ Abb. 5.5). Differenzierungsaspekte: Unterschiedliche Anzahl an Erkundungsaufträgen/Zusätzliche Aufträge (Mache ein Foto/Schreibe auf, was auf dem Schild steht/Zeichne auf einem Plan ein). Falls schon mit Plänen/Kartenskizzen gearbeitet wurde: Betrachten eines Übersichtsplans des Bahnhofs. Einübung sozialer Kompetenzen sowie grundlegender Fähigkeiten: Wir bitten um eine Auskunft/Wir kaufen eine Fahrkarte: Was müssen wir sagen?
Realsituation Umsetzen/ Handeln	Durchführen des Unterrichtsganges nach den vereinbarten Schritten
Reflexion Evaluieren/ Reflektieren	Bewusstmachung/Versprachlichung: Was haben wir erlebt (Betrachten von Fotos, die während des Unterrichtsganges gemacht wurden, Fixierung auf einem Plakat)? Haben wir alle Aufgaben erledigt (Vergleich der Fotos mit der Visualisierung aus der Laborphase/mit der Checkliste/Betrachten der gekauften Fahrkarte/n)? Gab es Schwierigkeiten? Ist etwas Unvorhergesehenes geschehen? Haben wir gut reagiert? Was müssen wir beim nächsten Mal beachten? Darstellung: Falls schon mit Plänen/Kartenskizzen gearbeitet wurde: Markieren der wichtigen Punkte (Fahrkartenschalter, Gleis, etc. auf dem Übersichtsplan), evtl. ergänzt durch Fotos.

5.6 Die Ebene des fachbezogenen Lernens – Die geographische Perspektive

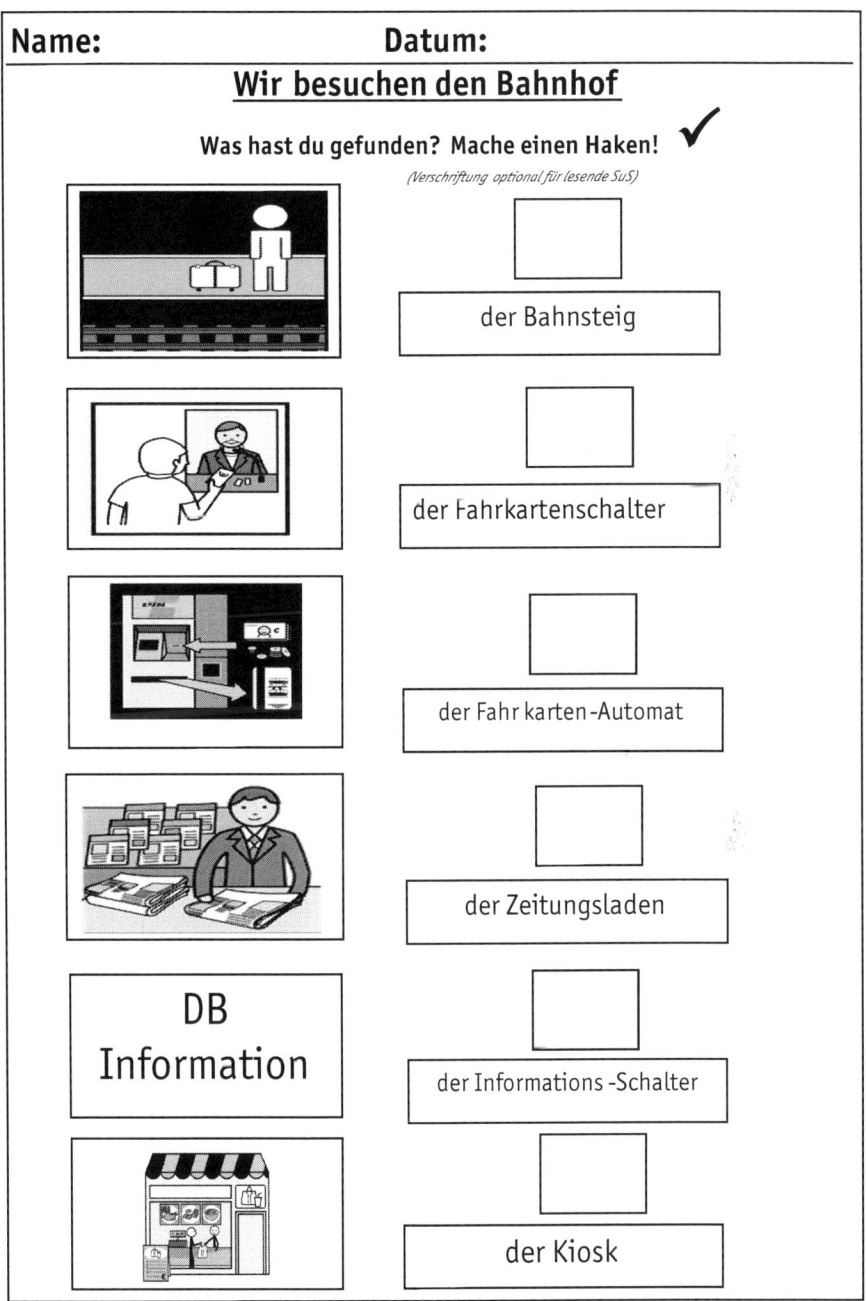

Abb. 5.5: Checkliste Unterrichtsgang: Wir erkunden den Bahnhof unserer Heimatsstadt

5 Die Konzeption des Plan-Quadrats für den Sachunterricht im FgE

Räume darstellen und sich orientieren: Kartenkompetenz

Die Karte ist sicherlich das geläufigste Arbeitsmittel im Geographieunterricht. Wer erinnert sich nicht aus der eigenen Schulzeit daran, dass zu jeder Erdkundestunde eine große Wandkarte vom »Kartendienst« aus dem Kartenraum der Schule geholt, am Kartenständer befestigt und entrollt wurde. Tatsächlich ist die Fähigkeit Karten zu lesen eine wichtige Kulturtechnik (vgl. Hemmer & Wrenger 2016, 179), da uns Karten aller Art im Alltag ständig begegnen (Wetterkarten, thematische Überblickskarten, Wander- und Freizeitkarten, Stadtplan etc. in gedruckter, zunehmend aber auch digitaler Form).

Karten bzw. kartographische Darstellungen sind stets Abstraktionen von der Wirklichkeit. Sie stellen räumliche Realität grafisch dar und bedienen sich dabei spezifischer Elemente, deren Verständnis für den Umgang mit Karten notwendig ist (vgl. Hemmer & Wrenger 2016, 183 ff.):

- Grundrissdarstellung
- Verkleinerung
- Maßstäblichkeit
- Vereinfachung/Generalisierung
- Orientiertheit (z. B. Norden ist auf der Karte oben – Einführung der Himmelsrichtungen – Gebrauch des Kompasses)
- Verebnung (Zweidimensionale Abbildung von Höhen mit Höhenlinien).

Hierfür sind nicht unerhebliche Abstraktionsleistungen nötig. Der Weg vom dreidimensionalen Raum zu dessen zweidimensionaler Darstellung (Verebnung) muss daher mit Schülerinnen und Schülern mit geistiger Behinderung systematisch gegangen und konsequent veranschaulicht werden. Zudem stellt sich die Frage, ab welcher kognitiven Entwicklungsstufe Kinder mit Karten qualifiziert umgehen können und ob eine Einführung in das Kartenlesen vor dem Erreichen der Stufe der formalen Denkoperationen überhaupt sinnvoll ist (vgl. Rinschede 2007, 78 ff.). Hierzu kann aus eigener Erfahrung gesagt werden, dass ein Grundverständnis für kartographische Darstellungen auch bei Schülerinnen und Schülern mit geistiger Behinderung erfolgreich angebahnt werden kann, soweit es sich um das Dekodieren und Erstellen von Karten bzw. einfachen Kartenskizzen handelt. Problematisch und kompliziert sind eher Aspekte von Kartenkompetenz wie das Erklären bzw. Interpretieren der Aussagen von Karten (Welcher Weg zum Gipfel lässt sich aufgrund der Höhenlinien als der steilste ausmachen?) sowie das Beurteilen von Karten (Stimmigkeit der Aussagen einer Karte), da hier abstraktes Denken, logische

5.6 Die Ebene des fachbezogenen Lernens – Die geographische Perspektive

Operationen und die Einnahme verschiedener Perspektiven verlangt sind (vgl. Hemmer & Wrenger 2016, 181).

Wichtige Aspekte von Kartenkompetenz für Schülerinnen und Schüler mit geistiger Behinderung sind demnach das Dekodieren und Anfertigen von Karten(skizzen) (in Anlehnung an Brucker 2006, 196):

Karten dekodieren:

- Karten lesen: Kartographische Grundlagen (v.a. Grundrissdarstellung, Verebnung, Verkleinerung, Vereinfachung) und Gestaltungsmittel (Schrift, Signaturen) kennen.
- Karten verstehen: Orientierung auf und mit der Karte, Informationen ermitteln, Karteninhalte »lesen«.

Einfache Karten anfertigen:

- Grundriss (senkrechte Projektion eines Gegenstands auf die waagrechte Ebene; Begriff bzw. Sachverhalt »Draufsicht« – z. B. Unser Klassenzimmer, Mein Traumzimmer, Unsere Wohnung).
- Lageskizze (Lagebeziehung der Objekte zueinander – z. B. im Schulgelände).
- Topographische Skizzen (Geländesituation mit Gewässernetz, Bodenbedeckung, Siedlungsstruktur, Verkehrswege, evtl. politische Grenzen).

Die folgende Sequenz zur Einführung in das Kartenverständnis am Beispiel des Klassenzimmers (▶ Tab. 5.15) orientiert sich in erster Linie am synthetischen Verfahren der Einführung in das Kartenverständnis (vgl. Brucker 2006, 196 ff.). Dabei geht sie kleinschrittig vor und versucht durch intensives Durcharbeiten jeden Teilschritt mit Anschauung und Handlung zu verbinden, um letztlich zu einem wirklichen Verständnis des Sachverhalts der Verebnung zu kommen. Wirklichkeit und Karte werden wechselseitig eng verknüpft: »Es gilt, Wirklichkeit und Karte, Karte und Wirklichkeit (...) aufeinander zu beziehen und den kindlichen Darstellungsversuch als Verständnisbrücke zu nutzen. Erfahrene Wirklichkeit, kindliche Darstellung und kartographische Darstellung erhellen sich gegenseitig« (Engelhardt & Glöckel 1977, 162).

Eine wichtige Rolle für die Veranschaulichung des Schrittes der Verebnung vom Drei- ins Zweidimensionale spielt dabei das verwendete Modell als »in verkleinertem Maßstab ausgeführte, dreidimensionale Nachbildung(en)« (Rinschede 2006, 319) der Wirklichkeit, in dem das Klassenzimmer nachgebaut wurde (zum Einsatz des Sandkastens als dreidimensionales Modell vgl. Häußler 2015, 271 f.).

5 Die Konzeption des Plan-Quadrats für den Sachunterricht im FgE

Im weiteren Verlauf der Sequenz, wenn größere Räume wie der Schulhof oder die Umgebung der Schule in den Blick genommen werden, kann auch ein Luftbild zum Einsatz kommen (vgl. Rinschede 2006, 328), dessen wichtigste Elemente in eine Kartenskizze übertragen werden (siehe Einheit 7 des Sequenzplans).

Tab. 5.15: Sequenz Kartenverständnis

1.	Wir bauen ein Modell unseres Klassenzimmers – Teil 1 Genaues Betrachten des Zimmers. Sammlung: Welche Möbel stehen in unserem Klassenzimmer? »Möbel« für das Modell herstellen (z. B. aus Streichholzschachteln). Teile des Zimmers farbig markieren (z. B. Tische – braun/Tafel – grün/Fenster – blau /Tür – orange/Regale – rot).
2.	Wir bauen ein Modell unseres Klassenzimmers – Teil 2 Platzieren der »Möbel« an der richtigen Stelle im Modell (z. B. in einem Schuhkarton). Üben von Raum-Lage-Begriffen (vorne – hinten; rechts – links; neben – zwischen).
3.	Schatzsuche im Klassenzimmer: Wir lernen unser Modell besser kennen Schatzsuche: im Modell markieren, wo im Zimmer gesucht werden muss. Gegenstand im Zimmer platzieren, dann die Stelle im Modell markieren. Verbalisieren, indem Raum-Lage-Begriffe verwendet werden.
4.	Wir betrachten verschiedene Gegenstände von oben – Einführung des Begriffs »Draufsicht« Selbsterfahrung: Auf eine Haushaltsleiter steigen, Menschen und Dinge im Zimmer von oben betrachten, beschreiben – Vergleich dieser Perspektive mit dem Blick auf das Modell. Zu Bildern von Gegenständen in der Draufsicht den entsprechenden Realgegenstand suchen. Memory erstellen, indem die Abbildung eines Gegenstandes jeweils von der Seite und von oben ein Kartenpaar bilden. Evtl. einige Gegenstände in der Draufsicht zeichnen.
5.	Wir zeichnen einen Plan von unserem Klassenzimmer Plexiglasplatte/ggf. Transparentpapier über das Schuhkarton-Modell legen (Prinzip »Sandkasten«). Umrisse mit verschiedenfarbigen Stiften nachzeichnen.
6.	Wir orientieren uns auf einem Plan unseres Stockwerks (in dem sich das Klassenzimmer befindet) Plan des Klassenzimmers erweitern. Verschiedene Wege laufen und einzeichnen bzw. eingezeichnete Wege nachgehen. Orte im Plan markieren (unser Klassenzimmer, die Toiletten, die Tür zum Treppenhaus, …). Evtl. Fluchtweg bei Feueralarm nachgehen/einzeichnen.

Tab. 5.15: Sequenz Kartenverständnis – Fortsetzung

7.	Wir zeichnen einen Plan unserer Schulumgebung Modell im Sandkasten auf Transparentpapier übertragen; oder: Google-Earth-Bild betrachten, Gebäude, Wege etc. benennen. Plan erstellen, indem das Bild z. B. mit Beamer auf ein an die Wand gespanntes Plakat projiziert wird und markante Stellen mit verschiedenfarbigen Markern nachgezeichnet werden.
8.	Wir orientieren uns auf einem Plan unserer Schulumgebung • Mit dem Plakat Wege ablaufen. • Eingezeichnete Punkte bzw. Wege finden.

Scharnierstelle dieser Sequenz ist die fünfte Einheit, in der die Schülerinnen den Prozess der Verebnung handelnd nachvollziehen (vgl. dazu das ausführliche Unterrichtsbeispiel in Häußler 2015, 273 ff.).

Reflektiert handeln: Andere Regionen und Länder kennenlernen und mit der eigenen Lebenswirklichkeit vergleichen

Die Auseinandersetzung mit räumlich fern liegenden Ländern ist Anlass zur Reflexion und zum Vergleich mit den Gegebenheiten des eigenen Lebens. Ausgehend von den realen, sie unmittelbar umgebenden Räumen (Wohnung, Wohnort, Klassenzimmer, Schule) und deren zweidimensionaler Darstellung auf Lageskizzen und Karten, welche sie zu lesen und zu erstellen lernen, kommen Schülerinnen und Schüler mit geistiger Behinderung zu einer Vorstellung von umfassenderen räumlichen Einheiten (die Region, das Bundesland, Deutschland, Europa, Länder in anderen Erdteilen). Das Nachvollziehen landestypischer Besonderheiten und der Vergleich mit entsprechenden Gegebenheiten vor Ort kann dabei über geographietypische Arbeitsmittel wie Filme oder Bilder erreicht werden, sicherlich auch über einige Fakten (Name der Hauptstadt, des höchsten Berges, des größten Flusses eines Landes), in besonderem Maße aber auch durch Gäste im Unterricht sowie über die Auseinandersetzung mit originalen Gegenständen (vgl. Rinschede 2006, 317 ff.).

Gäste im Unterricht können Personen sein, die aus anderen Ländern stammen und von dort berichten, bzw. Personen, die durch ihre Berufstätigkeit Fachleute für spezielle geographierelevante Themen sind (Landwirte, Forstleute, Journalisten etc.).

Originale Gegenstände aus fernen oder weniger fernen Regionen verkörpern Aspekte geographischer Wirklichkeit. Sie sind nicht nur mit vielen

Sinnen (sehen, fühlen, hören, riechen, schmecken) erfahrbar und ermöglichen unmittelbare Begegnung mit geographischer Wirklichkeit, an sie lassen sich auch prozessbezogene Kompetenzen wie »Handeln/ Umsetzen« oder »Erkennen/Verstehen« bzw. »Reflektieren« knüpfen, wenn z. B. Speisen aus anderen Ländern hergestellt oder landwirtschaftliche Produkte aus anderen Klimazonen verarbeitet und mit heimischen Gegebenheiten verglichen werden (siehe Tabelle 5.16; vgl. Häußler 2015, 270 f.).

Tab. 5.16: Originale Gegenstände

Bereich	Beispiel/Thema	*Übergeordnete Lernaktivitäten*/Beispiele für den Einsatz im Unterricht
Geologie	Typische Gesteine, Bodenarten (Sand, Steine, Torf, ...)	*Handeln/Umsetzen:* Fühlen, betrachten *Erkennen/Verstehen:* Vergleichen (!) mit heimischen Gegebenheiten Schlussfolgerungen ziehen: Warum ist Ackerbau in einem Land mit sandigen/steinigen Böden mühsam?
Vegetation	Pflanzen, Gewächse	*Handeln/Umsetzen:* Fühlen (Blätter des Gummibaums), Riechen Betrachten und Untersuchen *Erkennen/Verstehen:* Vergleichen (!) mit heimischen Pflanzen Schlussfolgerungen ziehen: Warum kann der Kaktus in der Wüste wachsen?
Landwirtschaft	Landwirtschaftliche Produkte (Kaffeebohnen, Reis, Oliven, Tee, Früchte, Gewürze...), Konserven	*Handeln/Umsetzen:* Fühlen, Schmecken, Riechen Betrachten Verarbeiten/Zubereiten *Erkennen/Verstehen:* Schlussfolgerungen ziehen: Warum wachsen bei uns keine Olivenbäume? Wie kommt der Reis aus Indien zu uns in den Supermarkt?
Industrie	Industrieprodukte Bodenschätze (Kohle, Erz, ...)	*Handeln/Umsetzen:* Betrachten Erproben

Tab. 5.16: Originale Gegenstände – Fortsetzung

Bereich	Beispiel/Thema	*Übergeordnete Lernaktivitäten*/Beispiele für den Einsatz im Unterricht
Alltag und Kultur	Kleidung Musik Sprache Bräuche, evtl. mit typischen Kostümen oder Gegenständen (z. B. Masken) Geldstücke/Scheine	*Handeln/Umsetzen:* Betrachten, ausprobieren *Erkennen/Verstehen:* Vergleichen (!) *Evaluieren/Reflektieren:* Auseinandersetzung mit Werten (Interesse, Aufgeschlossenheit, Toleranz)

5.7 Die Ebene des fachbezogenen Lernens – Die historische Perspektive

5.7.1 Inhalte der historischen Perspektive

Aspekte von Zeitwissen

Ein elementares Verständnis von Zeit wird am ehesten über sich wiederholende Ereignisse angebahnt, welche in der unmittelbaren Lebenswelt stattfinden. In diesem Zusammenhang werden im Jahreslauf besonders der Wechsel der Jahreszeiten und die dazu gehörigen Erscheinungen in der Natur (Temperatur, Wachstum der Pflanzen), aber auch Feste bzw. Feiertage und besondere Ereignisse im Jahreslauf (Ferien, Urlaub, Geburtstage, Schulanfang) erlebbar gemacht. Analog gilt dies für den Kreislauf des Tages. Das Verrinnen von Zeit lässt sich durch die Folge morgens, mittags, abends und nachts leicht begreifen. Dem entsprechen schlafen, aufwachen und frühstücken, in die Schule fahren, Schule erleben, nach Hause fahren, Spiel und Freizeit am Nachmittag, Abendessen, zu Bett gehen usw. (vgl. Häußler 2015, 224 ff.). Ist klar geworden, dass diese sich wiederholenden Abläufe des eigenen Lebens eine gewisse Form der Zeit darstellen, so lässt sich von diesem Punkt aus weiter fortschreiten. Nach dem Begreifen des Tages kann erst die Abfolge von Tagen, die sich zu Wochen zusammensetzen, erkennbar gemacht werden. Eine Woche, auch ein sich wiederholendes System, besteht eben aus diesen sich wiederholenden Tagen. Gleiches gilt für die Zeiteinheit »Monat«. Dies ist einer der ersten Schritte zur Bewusstmachung der Zeit, die – der stetigen Wiederholung entsprechend – am geeignetsten in zyklischen Darstellungen wie etwa der sog. »Jahresuhr« veranschaulicht werden.

Zeitperspektive: Das Phänomen des Wandels

All dies führt letztlich zur Unterscheidung von Vergangenheit, Gegenwart und Zukunft. Diese Begriffe werden nicht zuletzt an der eigenen Biographie sichtbar, wenn den Schülerinnen und Schülern z. B. anhand von Fotos deutlich wird, dass sie bereits bestimmte Lebensphasen durchlaufen und sich dabei verändert haben. Hier ist die Scharnierstelle zum historischen Lernen, wenn Stationen des eigenen Lebens in linearer Anordnung auf einer Zeitleiste (s. u.) als Vergangenheit dargestellt werden, gleichzeitig aber deutlich wird, dass dort noch Platz für weitere Ereignisse ist, welche sich erst noch ereignen werden – damit ist der Begriff des Zukünftigen angebahnt. Dieses Verfahren kann ebenso auf das Leben der eigenen Eltern, Großeltern und Urgroßeltern angewandt werden. Wenn ersichtlich wird, dass in deren Kindheit die Welt anders aussah als in der eigenen Gegenwart – etwa, was die Schule betrifft –, ist mit der Einsicht in das Phänomen des historischen Wandels ein erster Schritt hin zu elementarem Geschichtsbewusstsein gemacht. Damit wird auch deutlich, dass alltagsnahe Lerninhalte zur Thematik Zeit nahtlos mit eigentlich historischen, fachbezogenen Aspekten von Geschichte verbinden lassen, viel mehr noch, dass eines auf dem anderen aufbaut und somit Geschichtsunterricht im FgE alle Aspekte von Zeitlichkeit – vom elementaren Zeiterleben bis hin zu einer ersten Form von Geschichtsbewusstsein – beinhalten muss (zur Kritik dieser Auffassung vgl. Musenberg 2017).

Schülerinnen und Schüler mit geistiger Behinderung entwickeln nicht selten großes Interesse an historischen Themen. Das Leben der Ritter bzw. der Menschen im Mittelalter, zur Zeit der Römer oder in der Steinzeit ist ihnen aus verschiedenen Medien bzw. durch Überreste oder Baudenkmäler, durch Feste und Bräuche in ihrem heimatlichen Umfeld bekannt, so dass sie hier oft Neugier und Aufgeschlossenheit zeigen. Dies entspricht auch der Beobachtung, dass sich angesichts eines nicht zuletzt durch moderne Medien veränderten Wissens- und Interessenspektrums heutiger Kinder vielerlei Anknüpfungspunkte für historische Themen finden lassen. Allerdings resultieren insbesondere aus den kognitiven Möglichkeiten bzw. Begrenzungen von Schülerinnen und Schülern mit geistiger Behinderung auch Probleme hinsichtlich historischen Lernens:

- Zeit ist per se nichts Anschauliches, unmittelbar Begreifbares. Wir begegnen ihr nur mittelbar über Methoden der Zeitmessung und in linearen oder zyklischen Darstellungen.

- Geschichte ist kein unmittelbar zugänglicher Unterrichtsgegenstand. Lediglich mittelbar (etwa über Quellen unterschiedlichster Art) können Zugänge zur Vergangenheit erschlossen werden, wobei die Auseinandersetzung damit in der Gegenwart stattfindet.
- Der enge Bezug von Geschichte und Sprache prägt den Unterricht. Damit hängt Geschichtsverständnis auch stark vom Niveau des Sprachverständnisses ab, welches bei Schülerinnen und Schülern mit geistiger Behinderung in der Regel eingeschränkt ist.

»Geschichtsbewusstsein«, wie es als wesentliche Zieldimension von Geschichtsunterricht beschrieben wird, ist ein komplexes Konstrukt (vgl. Sauer, 2008, 9 ff.). Dennoch können auch Schülerinnen und Schüler mit geistiger Behinderung durchaus an Aspekte von Geschichtlichkeit herangeführt werden. So meint »Zeitbewusstsein« als ein Aspekt von Geschichtsbewusstsein die Unterscheidung zwischen Vergangenheit, Gegenwart und Zukunft und die entsprechende Einordnung von Ereignissen. Über »Historizitätsbewusstsein« verfügt, wer zu der Einsicht gelangt, dass Verhältnisse sich in der Zeit wandeln. Dies sind auf jeden Fall auch wichtige Zielperspektiven historischen Lernens von Schülerinnen und Schülern mit geistiger Behinderung.

Geschichtsunterricht im FgE will zur eigenständigen Verarbeitung historischer Sachverhalte in der eigenen Lebenswelt gelangen. Den Lebensweltbezug historischer Themen halte ich deshalb für ein entscheidendes Auswahlkriterium für entsprechende Lernvorhaben. Alltagsgegenstände aus vergangenen Zeiten (vgl. Häußler 2015c), die Stadtmauer im Heimatort, eine Gedenkstätte, ein Museum, Bräuche, Legenden oder historische Ereignisse mit regionalem Bezug können hier ein sinnvoller Ansatzpunkt sein, ebenso aber eine auf historischen Fakten basierende Fernsehserie, eine Ausstellung oder ein in den Medien anlässlich eines Jahrestags präsentes historisches Ereignis. Für wenig erfolgversprechend halte ich den Ansatz, Schülerinnen und Schülern mit geistiger Behinderung abstrakte, ihnen zeitlich, räumlich und emotional fernliegende geschichtliche Themen zu präsentieren mit dem Argument, ihnen würden andernfalls Bildungschancen vorenthalten (vgl. Baumann 2014 zur Aufarbeitung des Themas »Französische Revolution«). Es besteht die große Gefahr, dass wesentliche Sachverhalte (hier z. B. Menschenrechte, Stände, Absolutismus) inhaltsleere Worthülsen bleiben. Auch ein chronologisches Abarbeiten historischer Epochen ohne lebensweltlichen Bezug scheint wenig zielführend.

Schülerinnen und Schüler mit geistiger Behinderung begegnen »großen« geschichtlichen Ereignissen vielmehr in elementarisierter Form. Diese spiegeln sich häufig im Kleinen wider: in den Biographien, im Erleben und Handeln von Menschen, in Prozessen der Veränderung, wie sie etwa an Alltagsgegenständen sichtbar werden. Exemplarisch können sich in der Geschichte eines einzelnen Menschen aber auch wesentliche Merkmale einer bestimmten Epoche bzw. eines Zeitabschnittes finden (ein Bauer im Mittelalter, ein römischer Soldat am Limes). Häufig verweisen die bereits genannten Einzelfakten der Heimatgeschichte in exemplarischer und damit anschaulicher Weise auf größere geschichtliche Zusammenhänge (s. o.). Dieser Zugang hat den Vorzug, dass sich Geschichte hier zwar in zeitlicher Ferne, aus heutiger Sicht jedoch gleichzeitig in räumlicher Nähe abgespielt hat und so häufig noch konkret-anschauliche Reste und Zeugnisse der Vergangenheit vorhanden sind.

5.7.2 Lernaktivitäten im Rahmen der historischen Perspektive

Sich orientieren

Schülerinnen und Schüler mit geistiger Behinderung orientieren sich in der historischen Zeit, indem sie entsprechende Veranschaulichungsformen (Zeitleiste, Leporello etc.) nutzen und die Fachbegriffe »Gegenwart«, »Vergangenheit« und »Zukunft« damit verknüpfen. Hier ist nicht das anspruchsvolle Konstrukt der »Historischen Orientierungskompetenz« gemeint (vgl. Ammerer et al. 2015), sondern lediglich ein Sich-Orientieren in Zeiträumen mit Hilfe grafischer Darstellungen.

Anfertigen von Zeitleisten (nach Michalik o.J., 117):

- Zeitleisten enthalten die Elemente Linie, Zahl, Wort und Bild.
- Jahreszahlen werden von links nach rechts (von der Vergangenheit in die Zukunft) notiert.
- Die Größe der Zeitabschnitte hängt vom Thema ab.
- Ein Pfeil am Ende der Zeitleiste verweist darauf, dass die Zeitleiste in die Zukunft verlängert werden kann.

Vergleichen

Schülerinnen und Schüler mit geistiger Behinderung vergleichen ausgehend von ihren lebensweltlich geprägten Erfahrungen anhand von Quellen Phänomene in Gegenwart und Vergangenheit und benennen Veränderungen oder Übereinstimmungen. Dies könnte man als eine Form von Methodenkompetenz im qualifizierten Umgang mit Quellen und Darstellungen bezeichnen.

5.7 Die Ebene des fachbezogenen Lernens – Die historische Perspektive

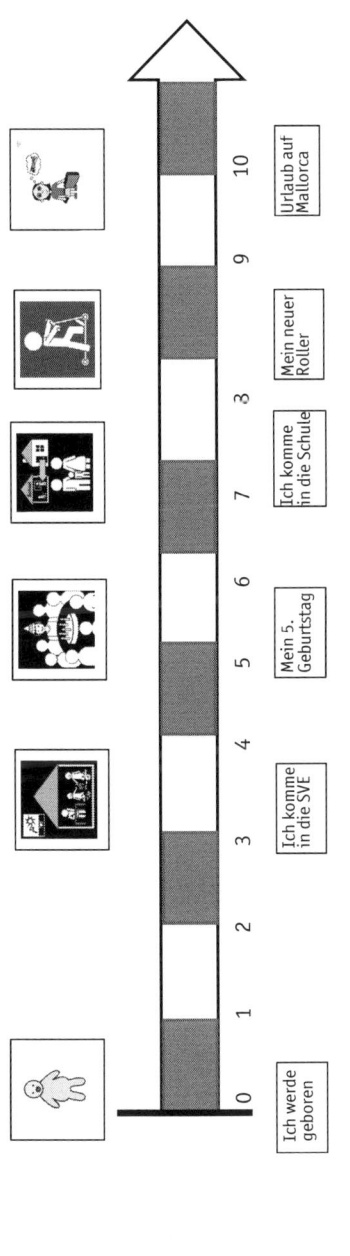

Abb. 5.6: Zeitleiste

5 Die Konzeption des Plan-Quadrats für den Sachunterricht im FgE

Im ursprünglichen Sinne beinhaltet diese zum einen das Auffinden geeigneter Quellen (Sach-, Bild-, Textquellen) zur Beantwortung einer historischen Fragestellung, zum anderen deren Auswertung. Beides scheint nicht nur im Hinblick auf den FgE eine ambitionierte Zielvorstellung zu sein. Hier müsste die Bereitstellung geeigneter »Quellen« durch die Lehrkraft erfolgen. Ein kritischer Umgang damit im Sinne einer »historischen Methodenkompetenz« (vgl. Becher & Gläser 2016, 45) welche u. a. Quellensuche, Quellenkritik und Quellenvergleich umfasst, ist sicherlich keine sinnvolle Zielsetzung im FgE. Eher geht es auch hier wieder um die Lernaktivität des Vergleichens, wenn Phänomene aus der Lebenswelt der Schülerinnen und Schüler in ihrem Geworden-Sein betrachtet und dazu in ihrer gegenwärtigen und historischen Form nebeneinandergestellt werden. Diese ordnen diejenigen Gegenstände einander zu, welche damals die gleiche Funktion wie heute hatten (im Unterrichtsbeispiel in ▶ Tab. 5.17 etwa Griffelkasten – Federmäppchen), sich im Aussehen und der Art des Gebrauchs aber unterscheiden. Die dabei verwendeten »Sachquellen« in Form von Griffel und Schiefertafel erfüllen dabei wohl meist auch eigentlich nicht die Anforderungen, die an eine echte Quelle im historischen Sinn gestellt werden. Solche bereitzustellen und für den Unterricht nutzbar zu machen, scheint jedoch häufig mit einem unverhältnismäßig hohen Aufwand verbunden zu sein – wenn es etwa originale Schreib- oder Küchengeräte aus den 1920er-Jahren aufzutreiben gälte. Noch schwieriger ist es mit Textquellen, die – soweit die Schülerinnen und Schüler über ausreichende Sprach- bzw. Lesekompetenz verfügen – nur nach erheblichen Eingriffen in den Primärtext einsetzbar wären (vgl. hierzu ausführlich Musenberg 2017, 61) und danach eigentlich keine Quelle im historischen Sinne mehr darstellten. Werden historisch zwar fragwürdige, didaktisch aber v. a. wegen ihrer Anschaulichkeit sinnvolle Sachquellen jedoch eindeutig der Vergangenheit zugeordnet, ermöglichen sie im Vergleich die Einsicht in die Tatsache des Wandels und damit letztlich die Anbahnung von Historizitätsbewusstsein, scheint auch deren Einsatz gerechtfertigt. Zudem fordern Sachquellen zum Handeln heraus. In der handelnden Auseinandersetzung kann dann in besonders anschaulicher Weise der Vergleich von Früher und Heute gelingen. So bietet es sich beispielsweise an, alte und neue (technische) Geräte und die dazu gehörenden Tätigkeiten zu vergleichen (Wäsche waschen mit der Hand, mit der Waschmaschine; Butterfass und Rührgerät, handbetriebene und elektrische Kaffeemühle). Auch andere Aspekte des Alltagslebens lassen sich so aufarbeiten, etwa wenn ein Spiel römischer Kinder nachgebaut und gespielt wird, die Schritte des Anziehens einer römischen Toga nachvollzogen oder ein römisches Mahl im Liegen eingenommen wird (vgl. auch die Ausführungen zum handlungsorientierten Umgang mit Bildern sowie zum Modellbau im

5.7 Die Ebene des fachbezogenen Lernens – Die historische Perspektive

Geschichtsunterricht bei Völkel 2008). Hier ist auch die Verbindungslinie zur Planungsebene des aufbauenden Lernens zu sehen, wenn im Rahmen einer Sequenz zum Geschichtsunterricht immer wieder Unterrichtseinheiten stehen, die neben dem historischen Aspekt auch das Konzept der Handlung zum Gegenstand haben (im Kursivdruck) und aus der Handlung heraus historisches Lernen anbahnen. Am Beispiel einer Unterrichtssequenz zum Thema »Die Römer in unserer Heimatstadt« sei dies aufgezeigt:

Einführungsstunde:	Warum gibt es in unserer Stadt eine »Römerstraße« und einen »Römerbrunnenweg«?
Thema Stadt:	Unterrichtsgang zu den römischen Thermen in unserer Stadt. *Ein Stadtrundgang vor 1800 Jahren – Das gab es auch in einer römischen Stadt.*
Thema Wohnen:	Die Römer wohnten sehr modern. *Wir stellen ein römisches Fußbodenmosaik her. Wir basteln eine Öllampe.*
Thema Spielen/Lernen:	*Wir spielen ein römisches Würfelspiel. Wir bauen das Spiel »Rundmühle«. Wir machen aus Wachsresten ein römisches Schreibtäfelchen.*
Thema Kleidung:	*So zieht man eine römische Toga an.*
Thema Essen/Trinken:	*Wir backen Römerbrot. Wir machen »Gefüllte Datteln«. Wir kochen und essen wie die Römer/innen: Planung eines römischen Festmahls.*
Thema Limes:	*Wir besuchen einen rekonstruierten römischen Wachturm. So lebte der römische Soldat Gaius.*

Zu Geschichtsunterricht werden diese Vorhaben dann, wenn es nicht beim Vollziehen der Handlung bleibt, sondern der Vergleich zwischen Früher und Heute und die Reflexion über Prozesse des Wandels hinzukommen.

Fragen stellen und beantworten

Schülerinnen und Schüler mit geistiger Behinderung formulieren und beantworten ausgehend von Sach- oder Bildquellen oder der handelnden Auseinandersetzung mit historischen Sachverhalten (mit Unterstützung der Lehrkraft) Fragen an die Geschichte. Fragekompetenz meint die Kompetenz, »Fragen nach Veränderungen menschlichen Zusammenlebens in der Zeit stellen zu können« (von Reeken 2019, 111). Vermutlich sind nicht alle Schülerinnen und Schüler mit geistiger Behinderung dazu von sich aus in der Lage. Wichtig erscheint jedoch, dass in entsprechenden Unterrichtsvorhaben gemeinsam Fragen an die Vergangenheit formuliert werden (Wie hat Uroma Anni Sahne geschlagen? Wie machen wir das heute? – vgl. Häußler 2015c – Womit hat der Römerjunge Caius gespielt? Welche Ausrüstung hatte ein römischer Legionär und wieviel hat sie gewogen? Was hat Bauer Konrad (im Mittelalter) gegessen? Warum hat es in einer mittelalterlichen Stadt so oft gebrannt?). Selbstständig können historische Fragen allerdings erst dann formuliert werden, wenn die Kategorien »Zeit« und »Wandel« verstanden sind. Das bedeutet, dass »Wandel« als historisches Phänomen immer wieder herausgearbeitet werden muss, indem Veränderungen durch den Vergleich von Gegenwart und Zukunft herausgestellt werden.

Becher & Gläser beschreiben die »Historische Fragehand« sowie die »Geschichtsforscher-Lupe« als erste strukturierte Formen der Heranführung an die Erschließung von Quellen im Sinne des »Scaffolding« (2016, 46 ff.). Dies lässt sich teilweise auch auf das Unterrichtsbeispiel zu Uroma Elisabeths Schultasche anwenden. Entsprechende Fragen in einer Auseinandersetzung mit den Sachquellen (Schiefertafel, Schwamm etc.) könnten dann lauten: Was hat man mit dem Schwamm gemacht? Womit haben die Kinder geschrieben? Wann ist die Schultasche hergestellt worden? Wo wurden die Schultasche/die Stifte gekauft? Warum gab es kein Heft/keinen Ordner? Wie hat man auf die Tafel geschrieben?

Im dargestellten Unterrichtsbeispiel kommt statt der Fragehand eine »Zeitmaschine« zur Anwendung (z. B. ein phantasievoll beklebter Karton). Die »Reise« zurück in die Vergangenheit begleitet sie mit entsprechenden Geräuschen oder Musik aus einem geeigneten Abspielgerät. Statt der »Fragehand« (s. o.) als Gerüst zur Quellenerschließung kann sie (auf Papierstreifen notierte, auf ein UK-Gerät aufgesprochene oder symbolisch dargestellte) Fragen »ausspucken«. Bei älteren Schülerinnen und Schülern kann dies natürlich auch sachlicher gestaltet werden – etwa indem die Fragen aus einem Umschlag gezogen werden.

Zusammenhänge herstellen/Fakten einordnen

Schülerinnen und Schüler mit geistiger Behinderung *ordnen* die Antworten auf die an die Geschichte gestellten Fragen in eine Erzählung, einen Zusammenhang *ein* (Historische Narrationskompetenz). Dies kann – je nach Thema und Adressat – unterschiedliche Formen haben und sich z. B. auch als Plakat oder Ausstellung zum Thema präsentieren.

Stellvertretend für die Schülerinnen und Schüler kann auch die Lehrkraft historische Sachverhalte im Rahmen einer Geschichtserzählung in einen Kontext stellen.

Der Einsatz der Lehrererzählung im Geschichtsunterricht im FgE

Die Geschichtserzählung ist die »in sich geschlossene, gleichsam literarisch komponierte, fiktionale Erzählung, die die Lehrkraft im Unterricht vorträgt« (Sauer, 127).

Aufgaben der Geschichtserzählung:

- Personifizieren: als Handlungsträger treten konkrete Personen auf (Namen, Alter, Aussehen, Eigenschaften), deren Motive und Gedanken deutlich werden.
- Konkretisieren: Einzelheiten werden dargestellt (Schauplätze, Landschaft, Kleidung ...).
- Lokalisieren: der Schauplatz wird festgelegt.
- Dramatisieren: Historische Zustände und Vorgänge, insbesondere aber Entscheidungssituationen werden nach dem Prinzip der Steigerung dargestellt und in wörtlicher Rede und Gegenrede gefasst.
- Modernisieren/analogisieren in behutsamer Weise zur Erfahrungswelt der Schülerinnen und Schüler.

Besonderheiten der Geschichtserzählung im FgE:

- Kurze Sätze.
- Wiederholen wichtiger Aspekte und Motive.
- Konkrete, aussagekräftige Begriffe.
- Ausdrucksstarke Verben, die Handlungen versinnbildlichen.
- Mimik und Gestik unterstreichen und lockern auf.
- Langsames Sprechen, bewusster Einsatz von Pausen.
- Sparsamer Einsatz zentraler Gegenstände, von Abbildungen (z. B. der handelnden Figuren), einer Karte (Lokalisieren), wenn erforderlich.

Sachkompetenz im Sinne historischen Wissens schließlich meint im FgE im Allgemeinen kein Bescheid-Wissen über historische Fakten oder Daten. Wohl aber können entsprechende sachgemäße Begriffe und Vorstellungen gebildet werden, wie »Mittelalter«, »Burg« oder »Römer«.

Lernaktivitäten im Rahmen von Vergegenwärtigung und Besinnung

Um die eigenständige Verarbeitung historischer Sachverhalte zu erreichen, kann historisches Lernen grundsätzlich in zwei Schritten erfolgen, die eng zusammenhängen (vgl. grundlegend auch Häußler 2015, 230 ff.).

Unter dem Begriff der *Vergegenwärtigung der Vergangenheit* ist zu verstehen, dass Geschichte durch verschiedene Vermittlungsformen in die Anschauung und den Verstehenshorizont der Kinder gerückt werden muss, indem z. B. derselbe Gegenstand in früherer und heutiger Ausprägung untersucht wird (Aussehen, Teile, Funktion, Materialien, Handhabung), Abbildungen desselben Ortes aus verschiedenen Zeitepochen betrachtet oder Situationen, in denen Menschen handeln, durch Berichte konkretisiert werden.

Die eigentlich entscheidende Phase in jeder Geschichtsstunde ist in einem zweiten Schritt die der *Vertiefung bzw. der Besinnung*, in welcher der historische Sachverhalt einer Reflexion und Bewertung unterzogen wird. Die in der Phase der Vergegenwärtigung besichtigten Quellen, Darstellungen o. Ä. werden befragt (vgl. die Ausführungen zur Fragekompetenz) und ggf. mit heutigen Gegebenheiten verglichen. Die Besinnung macht aus der Stunde erst eine Geschichtsstunde, da hier die Einsicht entsteht, dass Dinge und Verhältnisse im Lauf der Zeit einem Wandel unterworfen sind. Wichtig ist es, den Vergleich nicht im Sinne eines »Heute ist alles besser« anzustellen, sondern in erster Linie wertungsfrei den Aspekt der Veränderung hervorzuheben.

Beide Lernschritte lassen sich am Beispiel eines Lernvorhabens verdeutlichen, in dessen Mittelpunkt die (fiktive) Urgroßmutter Elisabeth steht, deren Kindheit (etwa in den 1930er-Jahren) ausgeleuchtet wird. Ein wichtiger Aspekt von Kindheit ist Schule – hieran sollen Aspekte des Wandels im Vergleich deutlich werden.

Die Unterrichtsstunde könnte im Rahmen einer Unterrichtssequenz stehen, welche Kindheit vor (knapp) 100 Jahren zum Thema hat. Entsprechende Stundenthemen – im Sinne historischer Fragen formuliert (Fragekompetenz!) – würden dann lauten:

- Wann hat Uroma Elisabeth gelebt? (Erstellen einer Zeitleiste)
- Wie hat Uroma Elisabeth gelebt? (Bildquellen – Wohnen und Wohnungseinrichtung/ Kleidung ...)

- Womit hat Uroma Elisabeth gespielt? (Die Schülerinnen und Schüler lernen z. B. exemplarisch das Kartenspiel »Schwarzer Peter« kennen, davon ausgehend weitere Spiele und Spielsachen)
- Wie war es damals in der Schule? (Lehrererzählung, Vergleich von Verhaltensregeln und Sanktionen damals und heute, vorliegende Stunde zur Schultasche).

Die verwendeten Arbeitsmittel und Lerngegenstände könnten zusammenfassend in einer kleinen Ausstellung bzw. einem »Uroma-Elisabeth-Museum« präsentiert werden, ergänzt durch Beschriftung, Fotos, Abbildungen und kurze Erläuterungstexte. Damit wären sie im Sinne der anzustrebenden »Narrationskompetenz« in einen Zusammenhang gestellt, der die Geschichte einer Kindheit in der Vergangenheit erzählt. Auch ein Lapbook mit Abbildungen und kurzen Texten wäre hier denkbar.

In einer Grobgliederung stellt sich die Stunde dann folgendermaßen dar:

Tab. 5.17: Methodisches Modell Geschichtsstunde

Übergeordnete Lernaktivitäten:

Umsetzen/Handeln - Erkennen/Verstehen:

- Orientierung in der historischen Zeit: Zeitleiste erstellen und Ereignisse darauf einordnen
- Das eigene Leben und das der Familie auf einer Zeitleiste einordnen, wichtige Stationen des Lebenslaufs benennen, Zeitvorstellungen und -darstellungen (linear, als Kreislauf) verstehen und anwenden

Erkennen/Verstehen - Evaluieren/Reflektieren:

- An Alltagsgegenständen und anderen Quellen Früher und Heute vergleichen, Veränderungen benennen, interpretieren

Phasen	Unterrichtsverlauf	Did.-meth. Kommentar/Lernaktivitäten
Anknüpfung	Was wissen wir schon aus der Zeit, als Uroma Elisabeth noch ein Kind war? SuS aktualisieren ihr Vorwissen aus den Vorstunden.	Aufbau kumulativen Wissens – Verknüpfung von Bekanntem und Neuem
Frage- oder Problemstellung	Uroma Elisabeth berichtet (z. B. als kleines Hörspiel) vom Tag ihrer Einschulung und wie sie am Abend zuvor mit Mama ihre Schultasche packte. L präsentiert eine alte Lederschultasche.	

Tab. 5.17: Methodisches Modell Geschichtsstunde – Fortsetzung

	Die Zeitmaschine spuckt eine Frage aus: Was war in Uroma Elisabeths Schultasche?	Lernaktivität »Fragen stellen«
Erarbeitung – Vergegenwärtigung	Erneute Reise mit der »Zeitmaschine« in das Jahr 1932. Auf der Zeitleiste wird eine entsprechende Markierung gesetzt. Vermutungen zum Inhalt der Büchertasche. Uroma Elisabeth zählt auf (wiederum als vorab aufgenommenes Hörspiel), was alles in der Schultasche war. Die SuS sehen in einer alten Schultasche nach, holen den entsprechenden Gegenstand heraus (z. B. Griffel, Griffelkasten, Schwamm, Trockentuch, Schiefertafel, Fibel, Abakus – die »Siebensachen«) und benennen selbst noch einmal diese Gegenstände, Abbildungen werden im TA fixiert.	Zeitbewusstsein als Aspekt von Geschichtsbewusstsein Lernaktivität »Orientierung in der Zeit« Kognitive Aktivierung: Hypothesenbildung Sachkompetenz: Korrekte Begriffe (je nach Leistungsstand der SuS) Verbindliche Ergebnissicherung
Vertiefung – Besinnung	SuS vergleichen den Inhalt ihrer eigenen Schultaschen mit den historischen Gegenständen.	Anbahnung von Methoden-/Medienkompetenz Historizitätsbewusstsein Lernaktivität »Vergleichen«
Vertiefung II – (optional auch als eigene Folgestunde denkbar)	L: Welche Fragen könnte denn unsere Zeitmaschine dazu noch ausspucken? SuS: Wie schreibt man mit dem Griffel? Was hat man mit dem Schwamm gemacht? ... Fragen werden durch Ausprobieren beantwortet. SuS äußern sich zur Handhabbarkeit der Gegenstände, vergleichen sie mit eigenen	Lernaktivität »Fragen stellen« Lernaktivität »Vergleichen« Historizitätsbewusstsein
Sicherung	SuS bearbeiten ein AB, welches analog zum TA aufgebaut ist (vgl. Häußler 2015, 57).	Verbindliche Ergebnissicherung
Abschluss	Reise mit der Zeitmaschine zurück in die Gegenwart, Markieren auf dem Zeitstrahl. Einordnen der Gegenstände in das »Uroma-Elisabeth-Museum«	Zeitbewusstsein Lernaktivität »Orientierung in der Zeit« Lernaktivität »Einordnen« Narrationskompetenz

Tab. 5.17: Methodisches Modell Geschichtsstunde – Fortsetzung

Differenzierungsangebote für leistungsstarke SuS:	• Bildquellen zum Thema auswerten • Informationstext lesen
Differenzierungsangebote für umfassend behinderte SuS:	• Gestalten: Griffel greifen, auf der Tafel Spuren hinterlassen • Gestalten: Spuren mit dem Schwamm wieder löschen

Dieses Lernvorhaben könnte auch fortgeführt werden, indem die Epoche des Nationalsozialismus in entsprechender Weise thematisiert wird. Ausgehend von den massiven Eingriffen des NS-Regimes in das Alltagsleben auch von Kindern und Jugendlichen (Mitgliedschaft in HJ oder BDM, »Gleichschaltung«, Ausgrenzung bzw. Verfolgung) könnten – evtl. unter Bezug auf regionale Gedenkstätten (z. B. das Reichsparteitagsgelände mit Doku-Zentrum in Nürnberg) – gesamtgesellschaftliche Veränderungen dieser Epoche aufgegriffen und die Auswirkungen einer Diktatur kritisch reflektiert werden.

5.8 Die Ebene des fachbezogenen Lernens – Die technische Perspektive

5.8.1 Technik als perspektivenvernetzender Teilbereich des Sachunterrichts

Der Perspektivrahmen Sachunterricht der GDSU nennt als fünfte Perspektive die technische, welche sich durch die Begriffe Technik und Arbeit definiert. Die Spur dieser Perspektive ist in den Lehrplänen (etwa der bayerischen Grundschule, aber auch verschiedener Lehrpläne des FgE) nicht so eindeutig zu identifizieren wie die der anderen. Es werden verschiedene Begrifflichkeiten kombiniert (Technik & Kultur; Medien & Kultur; Technik & Medien etc.) und entsprechend unterschiedliche inhaltliche Schwerpunkte gesetzt bzw. Aufteilungen vorgenommen.

Technik begegnet Kindern und Jugendlichen mit geistiger Behinderung in ihrer Umwelt auf Schritt und Tritt und fordert sie in vielfacher Weise heraus. Besonders sichtbar wird dies an der Umkrempelung unseres Alltags durch digitale Medien, v. a. durch das überall präsente Smartphone, welche auch sie betrifft und so eine inklusive Wirkung hat, die einerseits begrüßenswert, anderseits bedenklich ist. Damit ist das Doppelgesicht der Technik auch als Thematik im Sachunterricht bereits skizziert: Sie kann das Leben erleichtern (wenn die entsprechenden Handgriffe beherrscht werden), sie kann aber auch Macht über den Menschen gewinnen und ihn beherrschen.

Elementare technische Bildung von Schülerinnen und Schülern mit geistiger Behinderung wird zunächst deren lebenspraktisches technisches Können erweitern. Diese technisch-praktische Handlungsfähigkeit bezieht sich dabei vorwiegend auf den Umgang mit *technischen Alltagsgeräten*. Dabei kann ein erstes Verständnis von deren Funktionsweise angestrebt werden, auch indem die Entwicklung technischer Erfindungen im Längsschnitt betrachtet wird. Hier besteht eine enge Verbindung zur historischen Perspektive des Sachunterrichts sowie zum Thema »*Arbeit*«, die sich häufig auch in einem Bedingungszusammenhang mit Technik vollzieht. Im Begriff des technischen Alltagsgeräts sehe ich auch die Verbindung zum Themenbereich Medien, welchen die GDSU in ihrem Perspektivrahmen gesondert als »perspektivenvernetzenden« (2013, 83 ff.) Bereich ausweist. Medien treten uns zunächst ganz vordergründig auch (wenn auch nicht ausschließlich) in Form technischer Geräte entgegen, so dass man in diesem Zusammenhang eigentlich von *elektronischen Medien* sprechen muss. Diese sind jedoch mehr als nur Geräte, sie transportieren Inhalte und Weltsichten und beeinflussen unsere Lebenspraxis in bisher nicht gekannter Weise, so dass über den bloßen praktischen Umgang hinaus auch eine kritische Medienerziehung notwendig ist.

Technische Bildung sehe ich innerhalb des Sachunterrichts für den FgE in besonderem Maße als Teilaspekt in Verknüpfung mit den anderen Perspektiven bzw. als Ausblick in den berufsvorbereitenden Bereich, soweit Themen der Arbeitslehre betroffen sind. Technische Sachverhalte eignen sich aufgrund ihrer Präsenz in der Lebenswelt von Schülerinnen und Schülern mit geistiger Behinderung besonders gut als Integrationskern vielperspektivischen Arbeitens. Damit könnte man »Technik« bzw. »Technische Geräte« als perspektivenvernetzenden Teilbereich des Sachunterrichts im FgE bestimmen.

Am Beispiel des Telefons stellt sich die Verknüpfung der Perspektiven wie folgt dar (▶ Abb. 5.7):

5.8 Die Ebene des fachbezogenen Lernens – Die technische Perspektive

Abb. 5.7: Technische Geräte im Mittelpunkt perspektivenvernetzender Unterrichtsplanung

Umgekehrt haben viele Sachunterrichtsthemen auch technische Aspekte, die sich über die Auseinandersetzung mit technischen Fragen und Problemen bzw. mit Geräten und Werkzeugen beleuchten lassen.

Tab. 5.18: Technische Aspekte von Sachunterrichtsthemen

Konzept	Thema	Gerät/Technischer Aspekt
Gemeinschaft	Öffentliche Dienstleister	Der Bank-/Fahrkartenautomat
	Arbeitsprozesse – Handwerk	Säge (Schreiner/Zimmerer), Pinsel (Maler), Schere/Kamm (Friseur), Schaufel, Kelle (Maurer) ...

145

Tab. 5.18: Technische Aspekte von Sachunterrichtsthemen – Fortsetzung

Konzept	Thema	Gerät/Technischer Aspekt
Natur	Luft – Luft braucht Platz	Die Luftpumpe
	Luft – Luft hat Kraft/erzeugt Energie	Das Windrad/Die Windmühle
	Strom – Stromkreislauf	Die Taschenlampe (vgl. Häußler 2015, 95 ff.)
	Kraft – Hebelprinzip	Der Flaschenöffner/Der Nussknacker/Der Hammer
Raum	Mobilität – Am Verkehr teilnehmen	Das Fahrrad – Wir flicken den Fahrradschlauch/ölen die Kette
Zeit	Zeitwissen	Die Uhr (Gehäuse, Zifferblatt, Zeiger)
	Wandel – Wäsche waschen früher und heute	Die Waschmaschine
Medien	Bedienung Mediennutzung Kritische Medienerziehung (Werbung, Datenschutz, Mobbing, …)	Das Smartphone Der Computer …

Gemeinsam ist all diesen technischen Objekten (die Auswahl ist noch erweiterbar), dass in ihnen über den Aspekt der Funktionalität hinaus grundlegende Zusammenhänge sichtbar werden. Damit sind sie als Medium der Veranschaulichung von hohem Wert: Die Taschenlampe funktioniert nur, wenn Batterien als Stromquelle eingesetzt sind. Zum Schließen des Stromkreises dient der Schalter. Die Kraft der (unsichtbaren) Luft wird an der Drehung der Flügel des Windrades sichtbar. Am Beispiel des Wäschewaschens im Waschbottich und mit der Waschmaschine zeigen sich fundamentale Veränderungen im Alltagsleben der Menschen im Wandel der Zeit. Automaten spucken auf Knopfdruck (meist) das Gewünschte aus, wenn sie vorher »gefüttert« wurden (mit Geld, der PIN der Bankkarte, den notwendigen Informationen).

Schwieriger wird es, wenn an verschiedenen Geräten ein allen zugrundeliegendes Prinzip veranschaulicht werden soll. So funktioniert der Flaschenöffner nach dem Hebelprinzip, welches den Schülerinnen und Schülern auch noch bei anderen einseitigen Hebeln wie Brechstangen, Spaten, Schraubenschlüsseln, oder bei zweiseitigen Hebeln wie Scheren, Zangen, Waagen oder Wippen begegnet, also sehr unterschiedlichen Gegenständen. Dies macht es schwer, die Hebelwirkung als gemeinsames Grundprinzip zu erkennen. Am

Funktionsprinzip dieser Objekte wird die goldene Regel der Mechanik sichtbar, welche besagt, dass eingesparte Kraft einen längeren Weg bedeutet. Mit Hebeln wird keine mechanische Arbeit gespart, sondern lediglich die notwendige Kraft zum Bewegen oder Heben eines Gegenstandes verringert, wobei sich der zurückzulegende Weg vergrößert.

Folgende Lernschritte sind möglich. Sie beziehen sich jedoch zunächst nur auf den einseitigen Hebel:

1) Wir versuchen vergeblich, eine Flasche mit der Hand zu öffnen. Wir stellen fest: Mit dem Flaschenöffner geht es – er hat mehr Kraft.
2) Wann haben wir etwas Ähnliches schon beobachtet? Die gleiche Erfahrung machen wir beim Festziehen einer Schraubenmutter: Mit dem Schraubenschlüssel geht es leichter. Eine Erklärung der Schülerinnen und Schüler könnte sein, dass es sich bei den Werkzeugen um Gegenstände aus Metall handelt und sie deshalb mehr Kraft haben als die Hand. Dies wäre schon eine bemerkenswerte Erkenntnis, die dennoch am Kern der Sache vorbeigeht.
3) Beim Vergleich (!) der beiden Werkzeuge stellen wir fest, dass beide einen langen Griff haben, der die Arbeit leichter macht. Diesen Griff nennen wir Hebel (Fachsprache).
4) Das gleiche Phänomen könnte nochmals beim Bewegen eines schweren Steins mit Hilfe einer Eisenstange erfahren werden. Hier besteht allerdings nicht unerhebliche Verletzungsgefahr, so dass dabei – wenn überhaupt – möglicherweise besser auf eine Lehrerdemonstration zurückgegriffen wird.

Zusammenfassend können technische Inhalte und die entsprechenden Lernaktivitäten in folgenden Zusammenhang gebracht werden (Tab. 5.19):

Tab. 5.19: Technikbezogene Inhalte und Lernaktivitäten

Inhalte/Konzepte	*Übergeordnete Lernaktivitäten*/**Perspektivenbezogene Lernaktivitäten**
Technische Geräte (Werkzeuge, Maschinen) – Nutzung und Wartung	*Erkennen/Verstehen:* Geräte benennen Geräte verschiedenen Berufen zuordnen *Umsetzen/Handeln:* Geräte sachgemäß und sicher nutzen Geräte warten und pflegen *Evaluieren/Reflektieren:* Beim Gebrauch von Geräten Gefahren beurteilen/einschätzen

Tab. 5.19: Technikbezogene Inhalte und Lernaktivitäten – Fortsetzung

Inhalte/Konzepte	Übergeordnete Lernaktivitäten/Perspektivenbezogene Lernaktivitäten
Technische Funktions- und Konstruktionsprinzipien	*Erkennen/Verstehen:* Einfache mechanische Gegenstände (Luftpumpe, Taschenlampe …) untersuchen und ihre Funktionsweise beschreiben Technische Funktionen und Herstellungsprozesse erkunden und beschreiben *Umsetzen/Handeln – Erkennen/Verstehen:* Modelle (Türme/Mauern/Fahrzeuge) selbst bauen/konstruieren Funktionalität in Bezug auf Standfestigkeit (Schwerpunkt, Grundfläche, Höhe, Verbund des Materials bzw. Bewegungsverhalten in Abhängigkeit von Materialeigenschaften) beschreiben und überprüfen
Vor- und Nachteile von Technik	*Erkennen/Verstehen – Evaluieren/Reflektieren:* Wichtige Erfindungen nachvollziehen und in ihrer Bedeutung erfassen Auswirkungen von Erfindungen erfassen und bewerten

5.8.2 Technik und Medien

Im Rahmenlehrplan für den FgE der Länder Berlin und Brandenburg werden innerhalb des Faches Sachunterricht die Aspekte »Technik« und »Medien« verknüpft (Senatsverwaltung 2011, 61). Ein guter Grund für diese Verknüpfung könnte darin bestehen, dass – wie bereits erwähnt – viele Medien auch in Gestalt technischer Geräte in der Lebenswelt von Kindern und Jugendlichen präsent sind. So gesehen ist es von der technisch-praktischen Handlungsfähigkeit im Umgang mit Geräten hin zu einer qualifizierten Nutzung von Medien im Sinne von Medienkompetenz kein allzu großer Schritt. Medienkompetenz meint die Fähigkeit, sich alle Arten von Medien für das eigene Kommunikations- und Handlungsrepertoire anzueignen und einzusetzen (Rezeption und Produktion), diese aber auch in ihren Absichten und Wirkungen kritisch zu hinterfragen.

Die über das Funktionale hinausgehenden Aspekte von Medienkompetenz gelten auch für den FgE und meinen

- für sich selbst Sinnvolles und Interessantes aus dem großen Medienangebot auszuwählen, statt wahllos zu konsumieren (Information, Lernen und Spiel, Kommunikation)

- Medienangebote und Werbung kritisch zu beurteilen sowie Medienbotschaften zu hinterfragen
- Medien auch dazu zu nutzen, kreativ zu sein, Medienprodukte zu gestalten und sich mit anderen auszutauschen
- Alternativen zum Medienkonsum zu erfahren und zu nutzen.

Wichtige Schritte hin zur Medienkompetenz für Schülerinnen und Schüler mit geistiger Behinderung lassen sich an folgendem Raster aufzeigen. Dabei meint Medienkompetenz die Nutzung von Medien im Sinne von Rezeption und Produktion (vgl. Zentel 2019, 658/Schaumburg 2010).

Tab. 5.20: Aufbau von Medienkompetenz

Inhalt	Telefon	Kamera	Computer	Film/TV	Musik (CD, MP 3)	Printmedien	Lernaktivität
		Smartphone					
Gerät und seine Teile							Erkunden
Sachgerechter Umgang							Bedienen/Handeln
Funktion: Information/Kommunikation/Unterhaltung/Selbstversorgung							Nutzen
kritischer Umgang (Auswahl/Wirkung/Manipulation)							Reflektieren
Gestaltung							Produzieren

Eine besondere Stellung in dieser Auflistung kommt dem Smartphone zu, welches die Funktionen (fast) aller anderen Medien (sowie des eigentlich technischen Geräts Telefon) in sich vereint. Viele Schülerinnen und Schüler an Schulen mit dem FgE besitzen mittlerweile ein solches Gerät und haben im Umgang damit erhebliche (technische) Kompetenzen erworben. Leider stehen diese häufig in krassem Missverhältnis zu einem bewussten, sensiblen und kritischen Umgang damit.

Nicht zuletzt sei noch die wichtige Rolle von Medien zur Kommunikationsunterstützung (UK-geräte wie GoTalk und Bigmack sowie komplexe Talker mit dynamischen Oberflächen) sowie als Unterrichtsmedium in Gestalt von Lernprogrammen und Apps (vgl. Zentel 2019, 659) erwähnt.

6

Vielperspektivische Planung konkret – Sequenzplanung »Die Kartoffel«

6.1 Sequenzplanung

In den vorangehenden Kapiteln wurden bereits Ansätze zu Sequenzplanungen aufgezeigt, die sich dabei allerdings überwiegend innerhalb einer spezifischen Perspektive des Sachunterrichts bewegten, was absolut legitim ist – nicht immer lassen sich zu einem Thema Aspekte in allen Perspektiven des Sachunterrichts finden.

Eine verschiedene Ebenen des Planungsmodells sowie unterschiedliche Perspektiven des Sachunterrichts einbeziehende Unterrichtsplanung wird hier abschließend noch anhand des Lerngegenstands »Die Kartoffel« entwickelt, welche beispielhaft für eine heimische Feld- bzw. Gartenfrucht, deren Wachstum und Produktion steht.

Zentraler Aspekt ist (▶ Kap. 5.1), dass Inhalte und Lernaktivitäten aus allen drei Ebenen des »Plan-Quadrats« (Basales Lernen, Aufbauendes Lernen, Fachbezogenes Lernen) mit einbezogen werden, um allen Schülerinnen und Schülern einer Klasse passende Lernangebote machen zu können. Diese »multiplen Perspektiven« (Gerstenmaier/ & Mandl 1995, 879) fördern die flexible Anwendung des Wissens und die Übertragung von Lernwegen und -strategien auf verschiedene Fragestellungen. (Eine ähnliche, allerdings weniger ausführliche Sequenzplanung zum Thema »Milchprodukte« findet sich in Häußler 2015, 31).

Viele der Stundenthemen sind dementsprechend als Frage formuliert – dies soll zum Ausdruck bringen, dass es im Sachunterricht gerade auch bei Schülerinnen und Schülern mit geistiger Behinderung um aktives, problemorientiertes Lernen geht, welches statt »trägem« Wissen Anwendungswissen generiert. Damit kommt dem Gelernten Bedeutung zu, da es in einem relevanten, authentischen Kontext verankert und mit bestehendem oder im Laufe der Sequenz erworbenen Wissen verknüpft wird.

Da die Planung nicht auf eine konkrete Klasse hin ausgelegt ist, kann es sich hier nur um ein Aufzeigen von Möglichkeiten handeln. Alter und Entwicklungsstand der Schülerinnen und Schüler sowie die Zusammensetzung der jeweiligen Klasse und der Grad der Heterogenität hinsichtlich der Lernvoraussetzungen spielen eigentlich eine entscheidende Rolle bei der Unterrichtsplanung. Bei meinen Überlegungen habe ich eine (fiktive) Klasse der Mittelschulstufe vor Augen, in der sich Schülerinnen der Übergangs- wie der Durchschnittsform der geistigen Behinderung sowie ein Schüler mit schwerer geistiger Behinderung befinden.

Sequenz »Wir pflanzen Kartoffeln im Schulgarten und feiern ein Kartoffelfest«

Tab. 6.1: Sequenzplanung

Thema der Unterrichtseinheit *Zentrales Konzept/Inhalt*	Ebene Planquadrat *Methodisches Modell*	*Lernaktivitäten (Schwerpunkte)*
Hat die Kartoffel Augen? *Begriff: Differenzierte Betrachtung und Untersuchung – Begriffe Knolle, Augen, Triebe, Schale Erkenntnis: Aus den Trieben entwickeln sich neue Kartoffelpflanzen*	Fachbez. Lernen/ Naturwissenschaftl. Perspektive Betrachten/Untersuchen	*Erkennen/Verstehen:* • Vergleichen (Unterschiede und Gemeinsamkeiten erkennen und benennen) • In Teilaspekte gliedern und wieder zusammensetzen • Objekte ordnen (kategorisieren)
Wir säen Kartoffeln im Schulgarten	Aufbauendes Lernen	*Erkennen/Verstehen:* Eine Handlung aus Teilschritten zusammensetzen/synthetisieren

Tab. 6.1: Sequenzplanung – Fortsetzung

Thema der Unterrichtseinheit Zentrales Konzept/Inhalt	Ebene Planquadrat Methodisches Modell	Lernaktivitäten (Schwerpunkte)
Handlung: Vermittlung der sachgerechten Aussaat *Durchführung*	Lehrgang	*Umsetzen/Handeln – Eigenständig erarbeiten:* Handlungspläne umsetzen
Wir säen Kartoffeln im Maurerkübel an – Wir beobachten das Wachstum der Kartoffelpflanze *Entwicklung: Anbau im Maurerkübel mit ausgesägtem Fenster bzw. in speziellem Pflanztopf, so dass das unterirdische Wachstum der Triebe und Knollen ebenfalls beobachtet und dokumentiert werden kann (s. u.)*	Fachbez. Lernen – Naturwissenschaftl. Perspektive *Langzeitbeobachtung (im Klassenzimmer/im Schulgarten)*	*Umsetzen/Handeln – Erkennen/Verstehen – Eigenständig erarbeiten – Kommunizieren/Zusammenarbeiten – Evaluieren/Reflektieren:* • Naturwissenschaftliche Sachverhalte sachorientiert betrachten/beobachten/untersuchen/vergleichen und Erkenntnisse (mit elementaren Fachbegriffen) verbalisieren
Wie macht man Pommes Frites? *Handlung: Durch das Herstellen von Pommes Frites (Backen von Kartoffelschnitzen im Ofen), erfahren die SuS, dass Kartoffeln weiterverarbeitet werden.* Weitere ähnliche Lernvorhaben: Wir machen Pellkartoffeln/Kartoffelbrei/Kartoffelsalat	Aufbauendes Lernen *Lehrgang oder Handlungseinheit*	*Erkennen/Verstehen:* Probleme benennen/Ziele setzen/Handlungsschritte antizipieren/Probleme durch Versuch und Irrtum lösen/Probleme durch Einsicht lösen *Umsetzen/Handeln – Eigenständig erarbeiten:* Materialien/Hilfsmittel bereitstellen und nutzen/Handlungspläne verbalisieren und visualisieren/Handlungspläne umsetzen
Was wird alles aus Kartoffeln gemacht? *Nutzen: Die in der Vorstunde exemplarisch gewonnene Einsicht wird auf andere Kartoffelprodukte übertragen*	Fachbez. Lernen – Naturwissenschaftl. Perspektive *Arbeit mit Infokarten*	Sich gezielt Informationen selbst erarbeiten
Wo sind die Kartoffelprodukte im Supermarkt? *Öffentliche Einrichtungen/Versorgungseinrichtungen*	Fachbez. Lernen – Sozialwissenschaftl./geographische Perspektive *Unterrichtsgang*	*Handeln/Umsetzen:* • Geschäfte, Dienstleistungen und Versorgungseinrichtungen am Heimatort erkunden und nutzen

6 Vielperspektivische Planung konkret – Sequenzplanung »Die Kartoffel«

Tab. 6.1: Sequenzplanung – Fortsetzung

Thema der Unterrichtseinheit Zentrales Konzept/Inhalt	Ebene Planquadrat Methodisches Modell	Lernaktivitäten (Schwerpunkte)
Wie sieht die Kartoffelpflanze aus? Leben/Entwicklung: Benennen die Teile der Kartoffelpflanze (Blüte, Beere, Blatt, Stängel, neue/alte Knolle, Wurzel) Vergleich mit den Ergebnissen der ersten Betrachtung.	Fachbezogenes Lernen – Naturwissenschaftliche Perspektive Betrachten – Untersuchen	Umsetzen/Handeln – Erkennen/Verstehen – Eigenständig erarbeiten – Kommunizieren/Zusammenarbeiten – Evaluieren/Reflektieren: • Naturwissenschaftliche Sachverhalte sachorientiert betrachten/beobachten/ untersuchen/vergleichen und Erkenntnisse (mit elementaren Fachbegriffen) verbalisieren
Wie kam die Kartoffel zu uns? Wandel: Die SuS erfahren, wie die Kartoffelpflanze nach Europa kam Optional: Kartoffelernte – früher und heute	Fachbezogenes Lernen – hist. (techn.) Perspektive Vergegenwärtigung/ Besinnung	Erkennen/Verstehen – Evaluieren/Reflektieren: • An Alltagsgegenständen und anderen Quellen Früher und Heute vergleichen, evtl.: Wichtige Erfindungen nachvollziehen und in ihrer Bedeutung erfassen/Auswirkungen von Erfindungen erfassen und bewerten
Wir ernten die ersten Kartoffeln in unserem Kartoffelbeet Handlung	Aufbauendes Lernen Handlungseinheit oder Lehrgang	s. o.
Wir feiern ein Kartoffelfest: Zubereiten von Kartoffelgerichten/»Kartoffelausstellung« mit Infoplakaten/Führung zum Kartoffelbeet im Schulgarten		

Pflanzenwachstum beobachten

Im Handel sind spezielle Pflanztöpfe für den Kartoffelanbau auf Balkon oder Terrasse erhältlich: hier kann zur Beobachtung und später zur Ernte ein Einsatz aus dem eigentlichen (äußeren) Topf herausgenommen und das Wachstum der Kartoffelpflanzen beobachtet werden.

Um das Wachstum der Pflanze unter der Erde beobachten zu können, kann diese auch in einem großen Maurerkübel angebaut werden. Mit einer

Stichsäge (hier hilft evtl. der Werklehrer) wird aus der Wand ein Stück ausgeschnitten und aufgeklappt. Die Öffnung wird durch eine Plexiglasscheibe verschlossen. Das ausgesägte Wandstück dient zum Verschließen des Fensters (die Kartoffel muss im Dunkeln wachsen) und kann zur Beobachtung geöffnet werden.

Das Vorhaben kann im Frühjahr begonnen werden. Bei der Aussaat von Frühkartoffeln können diese bereits im Juni/Juli geerntet werden.

6.2 Förderplanung für Schülerinnen und Schüler mit schwerer geistiger Behinderung

Um ein sinnvolles Lernen von Schülerinnen und Schülern mit schwerer geistiger Behinderung im Klassenverband zu gewährleisten, sollten die speziell für sie relevanten Aspekte des Themas in einem gesonderten Förderplan zusammengefasst sein (vgl. Dank 1993; 1996), der parallel zur Planung für die gesamte Klasse entsteht. So ist es für sie möglich, gemeinsam mit ihren Klassenkameradinnen und -kameraden am selben Gegenstand zu lernen, aber auch immer wieder in gesonderten Einheiten gefördert zu werden und dabei spezifische Lernziele zu verfolgen.

Tab. 6.2: Förderplan

Förderziele	Umsetzung
Schulung der taktilen und gustatorischen Wahrnehmung (Lerntätigkeit »Erleben«)	Form, Konsistenz, Oberfläche von Kartoffeln bewusst spüren, wahrnehmen. Körperteil spüren, an dem eine Kartoffel entlanggerollt wird. Kartoffel taktil von anderen Gegenständen und Gemüsesorten unterscheiden. Gekochte Kartoffeln/verschiedene Kartoffelgerichte schmecken – zwischen zwei Kartoffelgerichten wählen.
Schulung der Handmotorik	Kartoffel in die Hand nehmen, halten, drücken, gezielt ablegen (Korb, Sack, Tüte ...). Kartoffel zwischen beiden Händen rollen, drehen, abtasten, befühlen, von einer in die andere Hand geben.

6 Vielperspektivische Planung konkret – Sequenzplanung »Die Kartoffel«

Tab. 6.2: Förderplan – Fortsetzung

Förderziele	Umsetzung
(Lerntätigkeit »Gestalten«)	Kartoffeln auf dem Boden, dem Tisch, auf der Resonanzplatte, zwischen den beiden Händen hin- und herrollen, aufsammeln, tragen (in einem Löffel, Schöpflöffel, Korb, Säckchen ...). Kartoffeln umfüllen. Kartoffeln aus der Erde ausgraben. Einzelne Tätigkeiten bei der Zubereitung von Kartoffelgerichten übernehmen (Entflechtung – z. B. bei der Zubereitung von Kartoffelbrei die gekochten Kartoffeln mit dem Kartoffelstampfer zerdrücken).

7

Was es zum Lernen braucht – ein Schlusswort

Ein Großteil dieses Buches entstand während der Corona-Pandemie, welche nicht nur unsere bisher gewohnte Lebensweise auf den Kopf und in Frage stellte, sondern auch Schule als Ort des gemeinsamen Lehrens und Lernens an den Rand ihrer Möglichkeiten brachte.

Der Schreibtisch war für mich in dieser Zeit der sich überstürzenden Ereignisse fast ein Rückzugsort, an dem es möglich war, eine ideale pädagogische Welt zu erschaffen, die nichts mit der traurigen Realität der Videokonferenzen, der stapelweise kopierten Arbeitsblätter, des Vom-einen-Tag-zum-nächsten-Lebens, der unzureichenden administrativen Unterstützung durch Schulverwaltung und Politik zu tun hatte, mit der sich alle – Lehrerinnen und Lehrer, Schülerinnen und Schüler sowie ihre Eltern – zufriedengeben mussten. Fast scheint es, als wäre der von dem Philosophen Paul Virilio beschriebene »Rasende Stillstand« (Virilio 1992) eingetreten. Subjektiv herrscht das Gefühl einer brutalen Beschleunigung durch sich überstürzende Ereignisse, aber auch durch deren Auflösung in eine sich immer mehr ausweitende Bilder- und Zeichenflut, gleichzeitig ereignet sich real kaum noch etwas von Bedeutung, alles Lebendige verfällt in Starre und Bewegungslosigkeit.

7 Was es zum Lernen braucht – ein Schlusswort

Diese Beschleunigung war schon vor der Pandemie ein Wesensmerkmal unserer Gesellschaft und damit auch von Schule. Konersmann (2015) hat sogar postuliert, dass die Unruhe per se zur westlichen Kultur gehöre. Davon bleibt auch Schule nicht unberührt, auch nicht die Schule mit dem FgE, an der sich ebenfalls die Uhren immer schneller zu drehen scheinen, ungeachtet der Bedürfnisse ihrer Schülerschaft. Wahr ist aber: Lernen braucht Zeit. Vollgestopfte Lehrpläne könnten zwar den Eindruck erwecken, dass Lernen unter Zeitdruck am besten funktioniert. Das Gegenteil ist jedoch der Fall – Lernen braucht Muße, Geduld und offene Zeitressourcen, wenn es nicht zum Lernen von Einzelheiten und unzusammenhängendem Faktenwissen verkommen, sondern den Eigengesetzlichkeiten eines Sachverhalts nachgespürt werden soll oder ein Problem bewältigt werden muss. Dies gilt insbesondere für Schülerinnen und Schüler mit geistiger Behinderung, die auf Zeitdruck nicht selten unwillig und mit Rückzug auf ihre Eigen-Zeit reagieren (vgl. Fragner 1992). In Schulen mit dem FgE besteht angesichts fehlender Prüfungstermine und der prinzipiellen Offenheit der Rahmenpläne eigentlich kein derartiger Zeitdruck – oft genug schaffen wir, die Pädagoginnen und Pädagogen, ihn selbst durch eine Vielzahl unterrichtsfremder Aktivitäten, die als Event-Pädagogik daherkommen und wohl dazu dienen sollen, Schule nach außen hin als attraktiven, bunten Lernort erscheinen zu lassen (vgl. Häußler 2017), nach innen aber nur Hektik generieren. Lernen aber heißt auch, sich auf eine Sache »einzulassen« (Rumpf 1998, 82) und bei dieser »Sache« zu bleiben.

Muße ist also eine wesentliche Bedingung für ertragreiches Lernen – gerade für Kinder und Jugendliche mit geistiger Behinderung, die sich mit dem Lernen besonders schwertun. Wenn sie »trotzdem« (Fischer 2000) lernen sollen, wenn sie im Sachunterricht die Sachen für sich klären, bedarf es noch einiger weiterer Voraussetzungen.

Kinder und Jugendliche mit geistiger Behinderung brauchen einen Grund zum Lernen. Lernen ereignet sich nicht ohne Anlass, nicht ohne Motivation. Es geschieht dann, wenn sich Probleme stellen und Handlungsmöglichkeiten dementsprechend erweitert werden müssen, wenn Widersprüche zu bisherigen Sichtweisen und Überzeugungen auftauchen. Unterricht muss solche Anlässe in der Lebenswelt der Lernenden finden und von ihnen aus zu neuen Ufern aufbrechen.

Kinder und Jugendliche mit geistiger Behinderung brauchen Anschauung und Erfahrung. Für sie muss sich Lernen immer an konkreten, anschaulichen Sachen vollziehen, die gespürt, angefasst, verändert, kombiniert werden können. Nur so können sie Welt begreifen und Begriffe bilden, die nicht bloße Worthülsen bleiben, sondern mit Erfahrung gesättigt sind.

7 Was es zum Lernen braucht – ein Schlusswort

Kinder und Jugendliche mit geistiger Behinderung lernen immer an »Sachen« und der Faszination, die diese ausüben können. Lernstrategien und Arbeitsweisen benötigen die Einbettung in einen Kontext, am besten konkretisiert in einem Gegenstand oder einem Handlungsvollzug. Alleine das Lernen zu lernen genügt nicht, für Schülerinnen und Schüler mit geistiger Behinderung schon gar nicht. Dies hätte eine beispiellose Verarmung und Verödung ihrer Welt zur Folge.

Kinder und Jugendliche mit geistiger Behinderung brauchen beim Lernen das Herstellen von Zusammenhängen und von Sinnhaftigkeit. Lernen funktioniert nicht nach dem Prinzip des Nürnberger Trichters, durch den Wissen in ein leeres Gefäß gefüllt wird. Lernen ereignet sich gerade dann, wenn Vorwissen und neues Wissen zu einer Sache in Zusammenhang gebracht werden. Neue Erfahrungen werden gemacht, indem auf Bekanntes zurückgegriffen wird. So kommt nicht einfach etwas Neues hinzu, das Neue wird vielmehr in Zusammenhang gesetzt mit dem Bekannten. Das Ziel eines derartigen Lernens in Strukturen und Vernetzungen ist eine Haltung der Offenheit, der Neugier und des Fragens.

Und schließlich gilt für jeglichen Unterricht: Lehren ist planbar, Lernen nur bedingt. Während Lehren geplant, vorbereitet und strukturiert sein muss, stellt sich die Erfahrung des Lernens ein, ist nicht zur Gänze vorhersehbar und ereignet sich als etwas Unverfügbares (Rosa 2019) – wenn dafür Zeit ist.

Ich wünsche mir, dass unsere Schulart, die Schule mit dem FgE, die Ereignisse rund um die Pandemie zum Anlass nimmt, aus der Logik des rasenden Stillstands auszusteigen und sich darauf besinnt, dass es ihr eigentlicher Auftrag ist, Kinder und Jugendliche mit geistiger Behinderung ins Lernen zu bringen, sie mit der Welt vertraut zu machen, ihnen ihre Vielfalt zu zeigen und sie zu ertüchtigen, mit ihren Herausforderungen fertig zu werden. Dazu braucht es – es wurde bereits gesagt – Zeit. Und es braucht Menschen, Lehrerinnen und Lehrer, die sich Zeit nehmen und »da sind«. Lehrpersonen sind als Vorbilder von Bedeutung, die als »interessante Menschen« (Pfeffer 1988, 231) den Dingen Bedeutung verleihen, mit denen als Gegenüber Lernen in Beziehung, in Auseinandersetzung möglich ist und die den Mittelpunkt des Unterrichts bilden, für die selbst aber die Schülerinnen und Schüler im Mittelpunkt stehen. So wie es – und damit bin ich wieder beim Beginn dieses Buches – in der Skulptur von Andreas Kuhnlein zum Ausdruck kommt: Zwei Menschen – ein großer, ein kleiner – und ein gemeinsames Drittes, dem sie sich aus ihrer jeweiligen Perspektive heraus annähern. Das Urbild von Unterricht, wie er idealerweise sein kann.

Verzeichnisse

Literatur

Adamina, M. (⁵2019): Geographisches Lernen. In: Hartinger, A. & Lange-Schubert, K. (Hrsg.), a.a.O., (85–104).
Adamina, M., Hemmer, M. & Schubert, J. Ch. (Hrsg.) (2016): Die geographische Perspektive konkret. Begleitband 3 zum Perspektivrahmen Sachunterricht. Bad Heilbrunn: Verlag Julius Klinkhardt.
Adamina, M., Hemmer, M. & Schubert, J. Ch. (Hrsg.) (2016): Einleitung. Die geographische Perspektive im Sachunterricht. In: dies. (Hrsg.), a.a.O., (9–15).
Aebli, H. (1987): Zwölf Grundformen des Lehrens. Stuttgart: Klett-Cotta.
Ammerer, H. (2015): Erklär dir die Welt: Historische Orientierungskompetenz. In: Ammerer, H., Buchberger, W. & Brzobohaty, J. (Hrsg.): Geschichte nutzen. Unterrichtsbeispiele zur Förderung von historischer Orientierungskompetenz (4–9). Wien: edition polis.
Baumann, D., Dworschak, W., Kroschewski, M., Ratz, Ch., Selmayr, A. & Wagner, M. (2021): Schülerschaft mit dem Förderschwerpunkt geistige Entwicklung II. Bielefeld: Athena bei wbv.
Baumann, S. (2014): Das Thema Französische Revolution im Förderschwerpunkt geistige Entwicklung. In: Barsch, S. & Hasberg, W. (Hrsg.): Inklusiv – Exklusiv. Historisches Lernen für alle (164–182). Schwalbach/Ts.: Wochenschau Verlag.

Becher, A., Gläser, E. & Pleitner, B. (Hrsg.) (2016): Die historische Perspektive konkret. Begleitband 2 zum Perspektivrahmen Sachunterricht. Bad Heilbrunn: Verlag Julius Klinkhardt.

Becher, A. & Gläser, E. (2016): Geschichte erforschen mit historischen Quellen. Förderung historischer Methodenkompetenz mit Hilfe vorstrukturierter Materialien. In: Becher, A., Gläser, E. & Pleitner, B. (Hrsg.): a.a.O., (40-52).

Benkowitz, D. (2017): Naturphänomene sachorientiert (objektiv) untersuchen und verstehen: Der Lebenszyklus einer Blütenpflanze. In: Giest, H. (Hrsg.), a.a.O., (107-119).

Berck, K.-H. (1996): Biologieunterricht – exemplarisch für das Exemplarische. In: Zeitschrift für Didaktik der Naturwissenschaften (2) Heft 3, 17-24.

Biewer, G. & Koenig, O. (2019): Personenkreis. In: Schäfer, H. (Hrsg.): a.a.O., (35-44).

Blaseio, B. & Westphal, I. (2019): Sachunterricht. In: Schäfer, H. (Hrsg.): a.a.O., (498-507).

Breitinger, M. & Fischer, D. (1981): Intensivbehinderte lernen leben. Würzburg: Vogel.

Brucker, A. (2006): Klassische Medien kreativ nutzen. In: Haubrich, H. (Hrsg.): Geographie unterrichten lernen. Die neue Didaktik der Geographie – konkret (173-206). München: Oldenbourg.

Bühler, A. & Manser, R. (2019): Das Lernfeld Selbstversorgung unter der Perspektive von Befähigung. In: Schäfer, a.a.O., (600-613).

Dank, S. (1993): Individuelle Förderplanung für schwerstbehinderte Schüler. In: Lernen konkret 2 (12), 2-10.

Dank, S. (1996): Individuelle Förderung Schwerstbehinderter. Dortmund: Verlag modernes Lernen.

Danner, H. (1979): Methoden geisteswissenschaftlicher Pädagogik. München Basel: Ernst Reinhardt.

Demuth, R. & Rieck, K. (2005): Schülervorstellungen aufgreifen – grundlegende Ideen entwickeln. Kiel: Programm »Sinus an Grundschulen«.

Engelhardt, W. & Glöckel, H. (1977): Wege zur Karte. Bad Heilbrunn: Verlag Julius Klinkhardt.

Fischer, D. (^{2}1981): Eine methodische Grundlegung. Würzburg: Vogel.

Fischer, D. (2000): Und trotzdem: Lernen. Würzburg: edition Bentheim.

Fischer, E. (Hrsg.) (2004): Welt verstehen – Wirklichkeit konstruieren. Dortmund: borgmann.

Fischer, E. (2013): Die Schule mit dem Förderschwerpunkt geistige Entwicklung. Eine Einrichtung für Kinder und Jugendliche mit »geistiger Behinderung«? In: Lernen konkret 2 (32), 2-5.

Forster, R. (2004): Mittelfristige Planung. In: Fischer, E. (Hrsg.), a.a.O., (143-153).

Fölling-Albers, M. (2007): Kind als didaktische Kategorie. In: Kahlert, J. et al (Hrsg.): a.a.O., (36-41).

Fragner, J. (1992): Behinderte Menschen im Strom der postmodernen Lebenswelt. In: Haupt, U. & Krawitz, R.: Anstöße zu neuem Denken in der Sonderpädagogik (47-60). Pfaffenweiler: Centaurus.

Gerstenmaier, J. & Mandl, H. (1995): Wissenserwerb unter konstruktivistischer Perspektive. In: Zeitschrift für Pädagogik 6 (41), 867-888.

Gesellschaft für Didaktik des Sachunterrichts – GDSU (Hrsg.) (2013): Perspektivrahmen Sachunterricht. Bad Heilbrunn: Verlag Julius Klinkhardt.

Giest, H. (2009): Zur Didaktik des Sachunterrichts. Aktuelle Probleme, Fragen und Antworten. Potsdam: Universitätsverlag.

Giest, H. (Hrsg.) (2017): Die naturwissenschaftliche Perspektive konkret. Begleitband 4 zum Perspektivrahmen Sachunterricht. Bad Heilbrunn: Verlag Julius Klinkhardt.

Gläser, E. & Richter, D. (Hrsg.) (2015): Die sozialwissenschaftliche Perspektive – konkret. Begleitband 1 zum Perspektivrahmen Sachunterricht. Bad Heilbrunn: Verlag Julius Klinkhardt.

Goschler, W. & Heyne, Th. (2011): Biologie-Didaktik und sonderpädagogische Förderung. Möglichkeiten der Erkenntnisgewinnung in einem gemeinsamen Unterricht mit heterogenen Lerngruppen. In: Ratz, Ch. (Hrsg), a.a.O., (191–216).

Gößl, K. (2008): Ein neuer Lehrplan für die Berufsschulstufe in Bayern. Förderschwerpunkt geistige Entwicklung. In: Lernen konkret 1 (28) 2–8.

Götzmann, A. & Weißeno, G. (2015): Politisches Lernen im Sachunterricht zu Demokratie und Bürgerentscheid. In: Gläser, E. & Richter, D. (Hrsg.); a.a.O., (13–25).

Graf, E. (Hrsg.) (2020): Biologiedidaktik für Studium und Unterrichtspraxis. Augsburg: Auer.

Hartinger, A., Grygier, P., Tretter, T. & Ziegler, F. (2013): Lernumgebungen zum naturwissenschaftlichen Experimentieren. Kiel: Programm »Sinus an Grundschulen«.

Hartinger, A. & Lange-Schubert, K. (Hrsg.) (^{5}2019a): Sachunterricht. Didaktik für die Grundschule. Berlin: Cornelsen.

Hartinger, A. & Lange-Schubert, K. (2019b): Zur Geschichte und Konzeptionierung des Faches. In: dies., a.a.O., (6–17).

Häußler, M. (2015): Unterrichtsgestaltung im Förderschwerpunkt geistige Entwicklung. Stuttgart: Verlag W. Kohlhammer.

Häußler, M. (2015b): Grünlilien, guter Unterricht und gemeinsames Lernen – Was hat eine Zimmerpflanze mit Didaktik zu tun? In: Lernen konkret 4 (34), 12–18.

Häußler, M. (2015c): Wir machen Schlagsahne wie Uroma Anni – historisches Lernen und Anbahnung von Geschichtsbewusstsein bei Schülern mit geistiger Behinderung. In: Lernen konkret 4 (34), 30–33.

Häußler, M. (2016): Tiere und Pflanzen in meiner Umgebung – Materialien zum Methodenlernen mit Infokarten für Schüler mit geistiger Behinderung. Hamburg: Persen.

Häußler, M. (2017): Hat sich die Schülerschaft verändert – oder die Schule? Anmerkungen zur Situation an Förderzentren mit dem Förderschwerpunkt geistige Entwicklung in Bayern. In: Spuren – Sonderpädagogik in Bayern (60), 38–42.

Häußler, M. (2018): Lebenspraktische Fertigkeiten erwerben. Praktische Übungseinheiten zu Alltagstätigkeiten für Schüler mit geistiger Behinderung. Hamburg: Persen Verlag.

Häußler, M. (2019): Die naturwissenschaftliche Perspektive im Sachunterricht. In: Schäfer, H. (Hrsg.), a.a.O., (531–540).

Häußler, M. (2020): Der bayerische LehrplanPlus für den FgE. Ein »Plus« für Unterrichtsgestaltung und Schulentwicklung? In Lernen konkret 4 (39), 36-37.

Heinen, N. & Lamers, W. (2006): ›Bildung mit ForMat‹– Impulse für eine veränderte Unterrichtspraxis mit Schülerinnen und Schülern mit (schwerer) Behinderung. In: Laubenstein, D., Lamers, W. & Heinen, N. (Hrsg.): Basale Stimulation kritisch-konstruktiv (141–205). Düsseldorf: verlag selbstbestimmtes lernen.

Helmke, A. (2007): Unterrichtsqualität: Erfassen – Bewerten – Verbessern. Stuttgart: Klett Kallmeyer.

Hemmer, M. & Wrenger, K. (2016): Förderung der Kartenkompetenz im Unterricht. In: Adamina/Memmer/Schubert (Hrsg.), a.a.O., (179-186).
Heymann, H.W. (2015): Warum sollte Unterricht »kognitiv aktivieren«? Anregung von vertiefendem, verstehendem, vernetzendem Lernen. In: Pädagogik 5 (67), 6-9.
Hofmann, Ch. (2001): Selbstkonzept und geistige Behinderung: Zum Stand der Forschung. In: Zeitschrift für Heilpädagogik (52), 317-326.
Holtz, K.-L. (1994): Geistige Behinderung und Soziale Kompetenz. Analyse und Integration psychologischer Konstrukte. Heidelberg: Universitätsverlag Winter.
Kahlert, J. (^{4}2016): Der Sachunterricht und seine Didaktik. Bad Heilbrunn: Verlag Julius Klinkhardt.
Kahlert, J., Fölling-Albers, M., Götz, M., Hartinger, A., v. Reeken, D. & Wittkowske, S. (Hrsg.) (2007): Handbuch Didaktik des Sachunterrichts. Bad Heilbrunn: Verlag Julius Klinkhardt.
Kahlert, J. & Heimlich, U. (2012): Inklusionsdidaktische Netze. Konturen eines Unterrichts für alle (dargestellt am Beispiel des Sachunterrichts). In: dies. (Hrsg.): Inklusion in Schule und Unterricht. Wege zur Bildung für alle (153-190). Stuttgart: Kohlhammer.
Kaiser, A. (2015a): Grundlegung inklusiven Sachunterrichts. In: Lernen konkret 4 (34), 4-7.
Kaiser, A. (2015b): Wie geht inklusiver Sachunterricht? Kriterien und Praxisbeispiele. In: Lernen konkret 4 (34), 8-11.
Killermann, W., Hiering, P. & Starosta, B. (^{11}2005): Biologieunterricht heute. Eine moderne Fachdidaktik. Donauwörth: Auer.
Klafki, W. (^{2}1963): Das pädagogische Problem des Elementaren und die Theorie der kategorialen Bildung. Weinheim: Beltz.
Klafki, W. (^{3}1964): Didaktische Analyse als Kern der Unterrichtsvorbereitung. In: Klafki, W.: Studien zur Bildungstheorie und Didaktik (126-153). Weinheim: Beltz.
Klafki, W. (^{2}1991): Innere Differenzierung des Unterrichts (zusammen mit Herman Stöcker). In: Klafki, W.: Neue Studien zur Bildungstheorie und Didaktik (173-208). Weinheim und Basel: Beltz.
Kleickmann, Th. (2012): Kognitiv aktivieren und inhaltlich strukturieren im naturwissenschaftlichen Sachunterricht. Kiel: Programm »SINUS an Grundschulen«.
Kobi, Emil E. (1999): Geistigbehindertenpädagogik: Vom pädagogischen Umgang mit Unveränderbarkeit. In: Geistige Behinderung (38), 21-29.
Konersmann, R. (2015): Die Unruhe der Welt. Frankfurt am Main: S. Fischer.
Köhnlein, W. (2007): Sache als didaktische Kategorie. In: Kahlert, J., et al. (Hrsg.), a.a.O., (41-46).
Köhnlein, W. (2013): Vielperspektivität. http://www.widerstreit-sachunterricht.de/ ebeneII/viel.pdf (aufgerufen am 22.02.2022)
Kunter, M. & Trautwein, U. (2013): Psychologie des Unterrichts. Paderborn: Schöningh.
Lamers, W. (2017): Entwicklungsgemäß und altersgerecht?! Eine Herausforderung für Bildung und Interaktion. In: Lernen konkret 3 (36), 8-11.
Lipowsky, F. & Hess, M. (2019). Warum es manchmal hilfreich sein kann, das Lernen schwerer zu machen – Kognitive Aktivierung und die Kraft des Vergleichens. In: Schöppe, K. & Schulz, F. (Hrsg.): Kreativität & Bildung – Nachhaltiges Lernen (77-132). München: kopaed.
Marquard-Mau, B. & Schreier, H. (Hrsg.) (1998): Grundlegende Bildung im Sachunterricht. Bad Heilbrunn: Verlag Julius Klinkhardt.

Meyer, H. (²1989): UnterrichtsMethoden. II: Praxisband. Frankfurt am Main: Scriptor.
Meyer, H. (¹⁶2003): Leitfaden zur Unterrichtsvorbereitung. Berlin: Cornelsen Scriptor.
Meyer, H. (2005): Was ist guter Unterricht? Berlin: Cornelsen Scriptor.
Michalik, K. (o. J.): Wo komme ich her, wo gehe ich hin? Kinder erkunden die eigene Lebens- und Familiengeschichte. In: Praxis Grundschule extra: Wie die Zeit vergeht. Braunschweig: Westermann, 117–123.
Miessler, M. & Bauer, I. (1978): Wir lernen denken. Würzburg: Vogel.
Miessler, M., Bauer, I. & Thalmeier, K. (³1986): Das bin ich. Beiträge zu einer persönlichkeitsorientierten Erziehung. Bonn-Bad Godesberg: Verlag Dürrsche Buchhandlung.
Mühl, H. (³1981): Handlungsbezogener Unterricht mit Geistigbehinderten. Bonn Bad Godesberg: Dürr.
Mühlhausen, U. (2017): Unterrichtsmethoden im Widerstreit. Baltmannsweiler: Schneider.
Musenberg, O. (2017): Fachdidaktik und Fachunterricht aus der Perspektive des Förderschwerpunkts geistige Entwicklung. In: behinderte Menschen 6 (40), 59–62.
Musenberg, O. (2019): Fachdidaktik und Fachunterricht aus der Perspektive des Förderschwerpunkts geistige Entwicklung. In: Schäfer, H. (Hrsg.), a.a.O., (450–460).
Musenberg, O., Riegert, J., Dworschak, W., Ratz, C., Terfloth, K. & Wagner, M. (2008): In Zukunft Standard-Bildung? Fragen im Hinblick auf den Förderschwerpunkt geistige Entwicklung. In: Sonderpädagogische Förderung (3), 306–315.
Musenberg, O. & Pech, D. (2011): Geschichte thematisieren – historisch lernen. In: Ratz (Hrsg.), a.a.O., (217–240).
Musenberg, O. & Riegert, J. (2014). »Pharao geht immer!« – Die Vermittlung zwischen Sache und Subjekt als didaktische Herausforderung im inklusiven Geschichtsunterricht der Sekundarstufe. Eine explorative Interview-Studie. *Zeitschrift für Inklusion*, (4). https://www.inklusion-online.net/index.php/inklusion-online/article/view/202 (aufgerufen am 15.11.2021).
Pech, D. & Kallweit, N. (2015): Mehrheit entscheidet? Wahlen und Wahlverfahren. In: Gläser, E./Richter, D. (Hrsg), a.a.O., (43–49).
Peterßen, W. (1983): Lehrbuch Allgemeine Didaktik. München: Ehrenwirth.
Pfeffer, W. (1982): Die Bedeutung des Selbst-Seins im Unterricht mit geistig Behinderten. In: Geistige Behinderung (21), 237–249.
Pfeffer, W. (1984): Handlungstheoretisch orientierte Beschreibung geistiger Behinderung. In: Geistige Behinderung (23), 101–111.
Pfeffer, W. (1988): Förderung schwer geistig Behinderter. Eine Grundlegung. Würzburg: edition bentheim.
Pitsch, H.-J. & Thümmel, I. (2015): Methodenkompendium für den Förderschwerpunkt geistige Entwicklung. Band I: Basale, perzeptive, manipulative, gegenständliche und spielerische Tätigkeit. Oberhausen: Athena.
Rabenstein, R. & Haas, F. (1968): Erfolgreicher Unterricht durch Darstellungseinheiten. Bad Heilbrunn: Verlag Julius Klinkhardt.
Rank, A., Wildemann, A. & Hartinger, A. (2016): Sachunterricht – der geeignete Ort zur Förderung von Bildungssprache? In: www.widerstreit-sachunterricht.de, Nr. 22. http://www.widerstreit-sachunterricht.de/ebeneI/superworte/foerder/rank_ua.pdf (aufgerufen am 16.03.2021).

Ratz, Ch. (Hrsg.) (2011a): Unterricht im Förderschwerpunkt geistige Entwicklung. Fachorientierung und Inklusion als didaktische Herausforderungen. Oberhausen: Athena.
Ratz, Ch. (2011b): Zur Bedeutung einer Fächerorientierung. In: ders. (2011a), (9-38).
Ratz, Ch. (2017): Inklusive Didaktik für den Förderschwerpunkt geistige Entwicklung. In: Fischer, E. & Ratz, Ch. (Hrsg.): Inklusion – Chancen und Herausforderungen für Menschen mit geistiger Behinderung (172-191). Weinheim Basel: Beltz Juventa.
v. Reeken, D. (^{5}2019): Historisches Lehren und Lernen. In: Hartinger/Lange-Schubert, a.a.O., (105-122).
Richter, D. (^{5}2019): Sozialwissenschaftliches Lehren und Lernen. In: Hartinger, A./Lange-Schubert, K. (Hrsg.), a.a.O., (63-84).
Riegert, J. & Musenberg, O. (Hrsg.) (2015): Inklusiver Fachunterricht in der Sekundarstufe. Stuttgart: Kohlhammer.
Rinschede, G. (^{3}2007): Geographiedidaktik. Paderborn: Schöningh.
Rosa, H. (2019): Unverfügbarkeit. Wien – Salzburg: Residenz Verlag.
Roth, H. (^{7}1963): Pädagogische Psychologie des Lehrens und Lernens: Hannover: Schroedel.
Rumpf, H. (1998): Lernen, sich auf eine Sache einzulassen. In: Marquard-Mau, B./Schreier, H. (Hrsg.), a.a.O., (82-95).
Sauer, M. (^{7}2008): Geschichte unterrichten. Eine Einführung in Methodik und Didaktik. Seelze-Velber: Klett Kallmeyer.
Schauenberg, E.-M. (2015): Gerechtigkeit – »Wenn einer mehr hat, ist das fies?«. In: Gläser, E./Richter, D. (Hrsg.), a.a.O., (63-74).
Schaumburg, M. (2010): Medienpädagogische Arbeit mit Menschen mit geistiger Behinderung – Eine methodische Anleitung für die Praxis. In: Heilpädagogik online 01/10, 5-19.
Schäfer, H. (Hrsg.) (2019): Handbuch Förderschwerpunkt geistige Entwicklung. Grundlagen – Spezifika – Fachorientierung – Lernfelder. Weinheim und Basel: Beltz.
Schenk, C. & Ratz, Ch. (2021): Was befindet sich im Inneren des menschlichen Körpers? Vorstellungen von Kindern mit dem Förderschwerpunkt geistige Entwicklung. In: Sonderpädagogische Förderung heute. 4. Beiheft Naturwissenschaftsdidaktik und Inklusion, 216-233.
Schomaker, C. & Seitz, S. (2011): Sachunterricht in der inklusiven Grundschule – ohne kognitive Beeinträchtigung. In: Ratz, Ch. (Hrsg.), a.a.O., (155-169).
Schönknecht, G. & Maier, P. (2012): Diagnose und Förderung im Sachunterricht. Kiel: Programm »SINUS an Grundschulen«.
Schuppener, S (2005): Selbstkonzept und Kreativität von Menschen mit geistiger Behinderung. Bad Heilbrunn: Verlag Julius Klinkhardt.
Schuppener, S. (2008): Psychologische Aspekte. In: Nußbeck, S., Biermann, A. & Adam, H. (Hrsg.): Sonderpädagogik der geistigen Entwicklung. Handbuch Sonderpädagogik Band 4 (89-114) Göttingen: Psychosozial-Verlag.
Schurad, H. (2002): Curriculum Sachunterricht für die Schule für Geistigbehinderte. Oberhausen: Athena.
Schütte, U. & Schlummer, W. (2019): SMV und demokratiepädagogische Grundbildung. In: Schäfer, H. (Hrsg.), a.a.O., (647-656).
Selmayr, A. & Dworschak, W. (2021): Praktische Alltagskompetenzen. In: Baumann, D., Dworschak, W., Kroschewski, M., Ratz, Ch., Selmayr, A. & Wagner, M., a.a.O., (201-215).

Speck, O. (^{10}2005): Menschen mit geistiger Behinderung. Ein Lehrbuch zur Erziehung und Bildung. München: Ernst Reinhardt.

Spitta, Ph. (2016): Wo wohnen wir? Wohnen und Wohnumfeld erkunden, beschreiben und dokumentieren. In: Adamina, M., Hemmer, M. & Schubert, J. Ch. (Hrsg.), a.a.O., (49–61).

Theilen, U. (^{2}1996): mach doch mit! Lebendiges Lernen mit schwerbehinderten Kindern. München: Ernst Reinhardt.

Virilio, P. (1992): Rasender Stillstand. München Wien: Carl Hanser Verlag.

Völkel, B. (2008): Handlungsorientierung im Geschichtsunterricht. Schwalbach/Ts.: Wochenschau Verlag.

Wagenschein, M. (^{11}1997): Verstehen lehren: genetisch – sokratisch – exemplarisch. Weinheim: Beltz.

Wagner, M. (2021): Intelligenzminderung. In: Baumann, D., Dworschak, W., Kroschewski, M., Ratz, Ch., Selmayr, A. & Wagner, M., a.a.O., (161–169).

Wellenreuther, M. (2016): Direkte Instruktion – Das hässliche Entlein der Pädagogik? In: Friedrich Jahresheft XXXIV, 82–86.

Weinert, F. E. (Hrsg.) (2001): Leistungsmessungen in Schulen. Weinheim und Basel: Beltz.

Weiß, S. (^{3}2018): Veranschaulichung. In: Kiel, E. (Hrsg.): Unterricht sehen, analysieren, gestalten (93–118). Stuttgart Bad Heilbrunn: UTB/Klinkhardt.

Wenzel, St. & Bierwirth, H. (2017): Darstellendes Spiel. Praxisleitfaden zum darstellenden Spiel im Förderschwerpunkt geistige Entwicklung. www.lehrerbuero.de

Wiater, W. (^{6}2014): Unterrichtsprinzipien. Donauwörth: Auer Verlag.

Wodzinski, R. (2011): Naturwissenschaftliche Fachkonzepte anbahnen – Anschlussfähigkeit verbessern. Kiel: Programm »SINUS an Grundschulen«.

Zentel, P. (2019): Medienbildung und neue Medien. In: Schäfer, H. (Hrsg.), a.a.O., (657–662).

Zentel, P. & Michaelys, J. (2015): Inklusiver Biologieunterricht. In: Riegert & Musenberg, a.a.O., (88–99).

Lehrpläne und Verordnungen

Bayerisches Staatsministerium für Unterricht und Kultus (2003): Lehrplan für den Förderschwerpunkt geistige Entwicklung. München: Hintermeier.

Bayerisches Staatsministerium für Unterricht und Kultus (2014): LehrplanPLUS Grundschule. Lehrplan für die bayerische Grundschule. München.

Niedersächsisches Kultusministerium (2019): Kerncurriculum für den Förderschwerpunkt geistige Entwicklung. Primarbereich. Schuljahrgänge 1–4. Hannover: Unidruck.

Niedersächsisches Kultusministerium (2019): Kerncurriculum für den Förderschwerpunkt geistige Entwicklung. Sekundarbereich I. Schuljahrgänge 5–9. Hannover: Unidruck.

Senatsverwaltung für Bildung, Wissenschaft und Forschung Berlin/Ministerium für Bildung, Jugend und Sport des Landes Brandenburg (2011): Rahmenlehrplan Eingangsstufe bis Oberstufe bzw. Jahrgangsstufe 1 bis Jahrgangsstufe 10 für Schülerinnen und Schüler mit dem sonderpädagogischen Förderschwerpunkt »Geistige Entwicklung«.

Staatsinstitut für Schulqualität und Bildungsforschung (ISB) (2019): LehrplanPLUS FsgE Bayern. https://www.isb.bayern.de/foerderschulen/lehrplan/gesamt-pdfs_lehrplanplus/fs_geistige_entwicklung/1711/ (aufgerufen am 22.08.2021)

VSO-F Bayern: www.gesetze-bayern.de/Content/Document/BayVSOF/true (aufgerufen am 30.10.2020)

Abkürzungen

FgE: Förderschwerpunkt geistige Entwicklung

Abkürzungen in den Stundenbildern:
L: Lehrerin/Lehrer
SuS: Schülerinnen und Schüler
PA: Partnerarbeit
GA: Gruppenarbeit
BK: Bildkarte
WK: Wortkarte
UG: Unterrichtsgespräch
TA: Tafel/ Tafelanschrift/ Tafelbild
AB: Arbeitsblatt

Geeignete online-Quellen für den Sachunterricht im FgE (Auswahl)

Übersichten/Linksammlungen:

http://www.foerderschwerpunkt.de/links.htm
https://www.supra-lernplattform.de/
https://www.bildungsserver.de/sachunterricht-in-der-grundschule-4310-de.html
https://www.planet-schule.de/sf/spezial/grundschule/index.php
https://www.internet-abc.de/kinder/lernen-schule/hausaufgabenhelfer/linktipps-sachunterricht/

Verzeichnisse

Zur sozialwissenschaftlichen Perspektive:

Knietzsche, der kleinste Philosoph der Welt: https://www.planet-schule.de/wissenspool/knietzsche-der-kleinste-philosoph-der-welt/inhalt.html (Kleine Animationsfilme zu philosophischen Fragen, die auch Themen wie Dankbarkeit, Höflichkeit, Mobbing, Privatsphäre etc. ansprechen).
Logo!, die Kindernachrichten des ZDF: https://www.zdf.de/kinder/logo
https://www.kuppelkucker.de/start (Internetangebot des Deutschen Bundestages für Kinder)
https://www.dguv-lug.de/primarstufe/soziale-kompetenz/klassenrat/

Zur naturwissenschaftlichen/technischen Perspektive:

https://www.haus-der-kleinen-forscher.de/
https://physikforkids.de
https://www.planet-schule.de/wissenspool/achtung-experiment/inhalt/unterricht
https://www.dguv-lug.de/primarstufe/natur-umwelt-technik/mint-sicher-experimentieren/

Zur geographischen Perspektive:

http://www.erdkunde-sonderschule.de
https://www.kinderweltreise.de/

Zur historischen Perspektive:

https://www.bildungsserver.de/geschichte-3072-de.html
www.kinderzeitmaschine.de

Sachregister

A

Abstraktionsstufen 41, 66, 68, 82, 83
Anschauung 29, 41, 127, 140, 158

B

basale Aktivierung 52, 61

Basiskonzepte 84, 102, 103
Begriffsbildung 70, 80, 89
Beobachten 18, 35, 55, 61, 104–107, 109, 111, 154
Berufsschulstufe 16
Betrachten 37, 55, 104–107
Biologie 53, 114

Sachregister

C

chemisch 52, 102, 104, 112
conceptual change 38, 112
Curriculum 12, 102

D

Darstellungseinheit 56, 91, 93, 96, 98
didaktische Analyse 26, 46
didaktische Netze 53, 56

E

Elementarisierung 26, 29, 40, 43, 89, 101
emotional-sozial 52, 54, 56
Entflechtung 44, 156
entwicklungsorientiert 16, 19
Erfahrung 29, 32, 33, 37, 38, 41, 45, 51, 53, 60, 61, 73, 75, 80, 83, 87, 88, 91, 101, 110, 111, 122, 134, 147, 158, 159
Erkenntnis 45, 74, 82, 85, 104, 105, 112, 147
Erkunden 19, 52, 55, 56, 62, 80-82, 84, 114, 119, 120, 122, 123, 125, 148, 149
Ethik 90
Exemplarisches Prinzip 45, 46, 103
Experiment 31, 54, 58, 104, 109-112, 114

F

Fachdidaktik 17, 114
Fächerorientierung 21, 22
fachspezifische Arbeitsweisen 17, 18, 45, 46, 56, 81, 104, 106, 110, 114
Fachsprache 42, 49, 105, 111, 147
Förderplan 58, 155, 156

G

Gedächtnis 20, 44, 75
Geographie 56
Gerät 22, 35-37, 55, 84, 87, 89, 101, 107, 136, 144-149, 157

Geschichte 132-134, 138-140
Geschichtsbewusstsein 132, 133, 142
Grundschule 15, 44, 47, 53, 56, 143

H

Haltung 11, 34, 74, 75, 79, 86, 159
handlungsbegleitendes Sprechen 77
Handlungseinheit 36, 47, 48, 56, 58, 76, 77, 79, 82, 84, 109, 110, 114
Handlungsfolge 30, 31, 52, 58, 65, 66, 68, 70, 78, 99
Handlungsorientierung 74, 104
Handlungsschema 63, 65, 66, 68-70
Heimatkunde 15, 117
Heterogenität 20, 22, 41, 57, 152
Hypothesen 78, 83, 110, 112, 114

I

ikonisch 41, 67, 71, 77-79, 82
Individualisierung 22
Infrastruktur 87, 123
Inklusion 22, 24, 25
Innere Differenzierung 57, 58, 101
Intelligenzminderung 21, 52, 59
Interessen 33, 42

K

Kartenkompetenz 126, 127
Kindheit 117, 132, 140, 141
kognitive Aktivierung 13, 32-34, 37, 112, 142
Kommunikation 30, 42, 52, 54, 59, 61, 69, 101, 148, 149
Kompetenzorientierung 23, 46, 47

L

lebenspraktisches Lernen 21, 22, 69
Lebenswelt 16-20, 37, 67, 101, 102, 131, 133, 136, 144, 148, 158
Lehrgang 56, 70, 71, 76, 114

Lehrplan 15, 16, 57
Lernvoraussetzungen 12, 24, 41, 43, 44, 50, 75, 87, 92, 94, 108, 116, 152
Lernziel 27, 155

M

Medienkompetenz 148, 149
Methodenkompetenz 48, 54, 136
Mobilität 19, 56, 69, 117, 119, 123, 146
Modell 30, 37, 48, 54, 77, 84, 127–129, 148

N

Narrationskompetenz 139, 141, 142
Natur, belebte/unbelebte 55, 102

O

Objekterkundung 35, 36, 56, 81–84, 105
Operation 34, 36, 37, 74, 126
originale Gegenstände 129

P

Persönlichkeit 17, 56, 86, 93
Perspektivrahmen GDSU 15, 18, 47, 143
Pflege 69, 93, 95
physikalisch 52, 102, 104, 110
Piktogramme 123
Politik 55
Präkonzepte 17, 38, 50, 111
problemlösendes Denken 47, 68
problemorientiert 34, 45, 112, 115, 152

Q

Quellen 133, 134, 136, 138, 140, 141

R

Raum 55, 56, 117, 118, 120–122, 126, 146
Reduktion 22, 26, 29, 30, 43, 44, 89, 105

Reflexion 18, 33, 61, 71, 76, 86, 93, 96, 100, 124, 129, 140
Rollenspiel 31, 48, 90, 96, 98, 100, 101

S

Sachanalyse 89
Sachtext 31, 32, 58
Sandkasten 30, 127
Schlüsselqualifikationen 23
Schülermitverantwortung 89
Schülerschaft 13, 14, 19–22, 31, 56, 57, 85, 158
Selbstkonzept 85, 86, 91, 95, 96, 101
Selbstversorgung 19, 22, 43, 54, 68, 149
sich orientieren 55, 120, 126, 134
Situation, soziale 31, 86, 87, 96, 99
soziales Lernen 85, 86
Sozialformen des Unterrichts 33, 48, 88
Sprache 20, 30, 42, 46, 48, 52, 54, 77, 80, 97, 101, 118, 131, 133
Sprachförderung 42, 54
Strukturierung 13, 20, 26–28, 30, 38, 44, 48, 105
Symbol 29–31, 48, 81, 91, 92, 95, 116, 120, 123
symbolisch 41, 58, 78, 79, 82, 138

T

Technik 143, 144, 148

U

Unterrichtsgang 56, 120, 122–125, 137
Unterrichtsplanung 13, 26, 37, 53, 57, 69, 145, 151, 152
Unterstützte Kommunikation 54, 93, 150

V

Veranschaulichung 13, 20, 29–31, 41, 58, 101, 127, 146

Vergleichen 33–37, 55, 81, 83, 85, 89, 91, 94, 95, 100, 106, 107, 109, 111, 129–131, 134, 136, 141, 142
Vermutungen 34, 48, 110, 111, 114, 142
Versprachlichung 29, 30, 48, 58, 67, 79, 83, 114, 124
vielperspektivisch 18, 25, 144, 151
Vielperspektivität 18

W

Wahrnehmung 16, 30, 38, 52, 54, 62, 66, 75, 81, 92, 94, 104, 118, 119, 121, 155
Wandel 132, 136, 138, 140, 146

Z

Zeit 134, 138, 140–142, 146, 158
Zeitleiste 132, 134, 135, 140–142